D1737231

LA IMPOSICION DE MANOS

Oswald Wirth

LA IMPOSICION DE MANOS

Magnetismo curativo

EDICIONES INDIGO

Casanova, 82
08011 Barcelona

Título original: L'IMPOSITION DES MAINS

Traducción: Nolispe
Portada: Joanot Gabarró y Agustín Pániker

© 1987 by Ediciones Indigo

Primera edición: marzo 1987

ISBN: 84-86668-01-8
Depósito Legal: B-10.863/87

Impresión y encuadernación: Índice A. G. - Caspe, 116. 08013 Barcelona

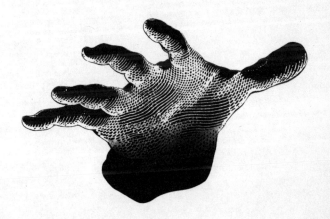

INTRODUCCIÓN

Oswald Wirth y yo nos conocimos y trabajamos en estrecha comunión espiritual durante muchos años.

Su sensatez guiaba y dominaba mis ardores juveniles y en la medida de mi débil aptitud para asimilarlos, me hacía partícipe de sus inmensos conocimientos. Reflexionando ahora, con la perspectiva que da el tiempo, y sin dejarme cegar por el afecto, creo que nadie de los que le consideraron bien pudo en absoluto entrever hasta qué punto se extendían los conocimientos del Maestro, por la manera en que lo ocultaba bajo la bondadosa apariencia del patriarca que había visto demasiado como para conmoverse con la locura de los hombres.

Y yo acabo de tener otra prueba.

Muchas veces Oswald Wirth había manifestado el deseo de regalarme uno de sus libros, que me tentaba tanto más cuanto que era inencontrable desde su publicación: «La imposición de las manos». Él mismo no poseía más que un manoseado ejemplar, ajado a fuerza de haber sido prestado, leído y vuelto a leer. A pesar de ello, «La imposición de las manos», en su edición original, sigue faltando en mi biblioteca. Hizo falta que una piadosa discípula lo hiciese fotocopiar en la Biblioteca Nacional para que la presente reedición pudiera publicarse.

Así pues, es como un testamento que se descubre en un

* Extracto de la introducción a la edición de 1963.

cajón de un viejo y polvoriento mueble. Y es realmente un testamento, pues en la vida terrestre de Oswald Wirth, marca casi
con trazo mortuorio el fin de la primera parte de su existencia
terrenal.

                              *   *   *

El prólogo redactado por Wirth tiene fecha del 5 de abril
de 1895. El libro se imprimió en 1897.

Es exactamente la época durante la cual Wirth sufrirá una
especie de transmutación en todos los aspectos, que hará cam-
biar completamente el curso de su vida.

En el aspecto físico, graves problemas de la médula espinal
anuncian la parálisis de las extremidades inferiores. Sin que
esto consiga impedirle el avanzar a sacudidas, como un autó-
mata, le obligará a renunciar al magnetismo, que era para él
una manera de vida, así como una especie de sacerdocio. Soporta sus males en silencio, con verdadero estoicismo. En su correspondencia con Stanislas de Guaita, no he encontrado más
que breves e inquietas alusiones a su estado...

«...Espero que vaya mejorando; pienso siempre en usted
cuando rezo a los que están en lo alto, mientras que nosotros
estamos todavía aquí abajo...

Como no ha respondido a mi última carta, estoy un poco
inquieto por usted. ¿Estará sufriendo más? Quisiera saber que
no; envíeme, se lo ruego, buenas noticias suyas y recibirá, en
ocasión de Año Nuevo, todos mis deseos de inmediato restablecimiento...» (1)

Ni una queja, la simple aceptación de una suerte ineludible.

_____

(1) Carta de Stanislas de Guaita a Oswald Wirth. 29 de diciem-
bre de 1895.

«...Si el jueves hubiese hecho buen tiempo me habría
hecho acompañar por mi aprendiz, pero como el viaje no resulta fácil de combinar, me veo obligado a solicitarle a usted un
desplazamiento y una ascensión de cinco pisos... Hago progresos, pero muy lentos; el estado general sigue siendo muy
bueno...» (2)

No estaba escrito en el destino de Oswald Writh que continuase sacrificándose para aliviar los males a sus semejantes.
Su labor era otra. (3)

Pero al mismo tiempo que la enfermedad ataca su cuerpo
físico, debe soportar otras pruebas quizás más dolorosas todavía. Aquellos de entre nosotros que lo conocieron con vida
—cada día son más escasos— conservan el recuerdo de un anciano extraordinariamente lúcido, del cual emanaban afectuosos efluvios que nos bañaban en una especie de ternura fraternal. En 1895 Oswald Wirth tiene treinta y cinco años y
una belleza viril y dura. Si se muestra discreto acerca de sus
padecimientos físicos, lo es más aún respecto a su vida sentimental. A pesar de ella, ésta le marcó de tal manera que cuarenta años más tarde me escribía las siguientes líneas:

«Yo también he amado. Esto me ha aportado momentos decepcionantes, pero de provecho para mi evolución. Es necesario amar para participar del gran poder, que emerge de un
platonicismo al cual no se llega gratuitamente. Mientras per-

(2) Carta de Oswald Wirth a Stanislas de Guaita. 12 de junio de
1896.
(3) Se han dicho muchas incongruencias sobre la enfermedad de
Oswald Wirth. Estaba escrita en su horóscopo con todas las letras.
Cuatro planetas están situados en Leo: Júpiter está unido al sol; Saturno a Mercurio. Saturno, maleficiado en Leo, indica claramente los
ataques a la columna vertebral y la ataxia locomotriz. Recuerdo, para
los astrólogos a los que les interese esta cuestión, los datos de nacimiento de Oswald Wirth: 5 de agosto de 1860, a las nueve de la mañana en Brienz (Suiza).

manecemos encerrados en nuestros caparazones, no conocemos más que la sombra del verdadero amor...» (4)

Finalmente, último golpe de la suerte... Wirth va a perder al que, desde hacía diez años, era su maestro, su compañero y su hermano. Nos ha contado muchas veces todo lo que le mental. A pesar de ello, ésta le marcó de tal manera que cuadebía a Guaita en todos los aspectos. Yo no lograría explicarlo, a no ser que publicara toda la correspondencia que he recogido, en el curso de la cual se ve aparecer, bajo la influencia de Guaita, el pensamiento de quien más tarde nos transmitiría la llama de la Santa Ciencia.

1897... Guaita se está muriendo... llama a su lado al amigo, al confidente, que nadie más puede reemplazar...

Altaville, 7 de junio de 1897
por Gisselfingen. Lorraine.

Señor:

Sabe usted, y es de la opinión de los médicos, que el estado de mi hijo es delicado y exige cuidados muy continuados. La moral tiene en su salud una influencia tan grande que no dudaría en reclamar de su amistad un verdadero favor.

Preveo que los días serán aquí largos para él, con la privación de sus estudios favoritos.

Su presencia le devolverá la posibilidad de leer en sus ojos, de una manera verdaderamente interesante para él, y contribuirá, no lo dudo, a conducirnos al resultado que esperamos de su tratamiento. Hágale usted, pues, el favor de venir aquí lo más rápidamente posible...

A. de Guaita (5)

(4) Carta de Oswald Wirth a Marius Lepage, 22 de enero de 1935.

(5) Carta de la madre de Stanislas de Guaita a Oswald Wirth.

Guaita muere seis meses más tarde...

Es así como, en dos o tres años, Wirth pierde todo lo que hasta entonces había sido el centro de su vida. Disminuido físicamente, vencido sentimentalmente, desamparado espiritualmente, hace frente, acepta, trasciende sus desgracias de todas clases. En algunos meses de trabajo pertinaz pone a punto y publica, a la vez, su primer «Manual» masónico y «La imposición de las manos». Exaltado por el sufrimiento y la renuncia, ve lucir el alba de una nueva vida. Parémonos aquí con él y veamos adónde hemos llegado.

* * *

Así como toda muerte en un plano es un nacimiento en un plano superior, «La imposición de las manos», (1) que marca el fin de la vida de Wirth como magnetista es, al mismo tiempo, el principio de su nueva existencia. El nacimiento del ser solitario, que deberá su supervivencia a una hermana servicial hasta el sacrificio, durante más de cuarenta y cinco años. Mientras, las pruebas afligen su cuerpo físico, para transformarlas, transmutarlas en una esplendorosa vida espiritual cuyas gracias nos son todavía repartidas.

Alumno ignorante y totalmente atorado en el barro de la tierra, puedo, al presentarlo al lector, mostrar, sin traicionarlo, el pensamiento de mi Maestro, tal como yo lo siento penetrar en mí por las palabras sin formular que me sopla su espíritu, el cual, lo sé de cierto, no me ha abandonado.

* * *

Toda demostración, aquí abajo, es el reflejo de los principios que rigen el mundo de los arquetipos Es así normal y necesario que el magnetismo curativo, por laico que sea, no es-

cape a esta regla absoluta. Es también normal —ateniéndonos
a nuestro tiempo— que el ejemplo más impresionante proven-
ga de Aquél que descubrió a los hombres la verdad oculta, para
que de ella pudieran sacar provecho, material y espiritual, para
ellos mismos y para sus hermanos.

Los teólogos más escrupulosos distinguen en la imposición
de las manos varias categorías, según la forma del rito, la intención del oficiante o los resultados obtenidos.

Es quizás un gesto de simple bendición, o la forma de comunicar a los bautizados la plenitud del Espíritu Santo. Es
quizás el rito que consagra a un hombre en vista de una función pública. Pero es también la manera de efectuar una cura (6).

Jesús debió, en el transcurso de su vida pública, por la
práctica del magnetismo curativo, iluminar, enseñar y... excu-
sar a todos aquellos que después de él utilizaron el mismo procedimiento. En nuestro mundo occidental, todos los pensamientos, todos los actos, se quiera o no, se reivindique o no,
dependen de las enseñanzas de Cristo. El recuerdo de los actos
de Cristo magnetista se sitúa perfectamente en el plano de
Oswald Wirth. Lo podremos ver, de él mismo, dentro de unos
instantes.

Pero, al mismo tiempo, este decuerdo aporta al magnetismo actual, contra los qeu niegan su valor, sus cartas de noble-
za. — Es en este único espíritu en el que redacto estas líneas.
Es suficiente, para ello, leer el Evangelio tal como fue escrito.
Ni siquiera con los ojos del espíritu sino simplemente en el
lenguaje corriente de «Don todo-el-mundo».

«Jesús recorría todas las ciudades y las aldeas... curando
toda clase de enfermedades y padecimientos... Y no hizo ningún milagro, más que el de curar a algunos enfermos impo-
niéndoles las manos... Y le acercaron un sordo, que además

(6) «La Santa Biblia». Tomo III, página 3.991; nota 583.

hablaba dificultosamente, y le pidieron que le impusiera las manos... Cuando el sol se ponía, todos aquellos que tenían enfermos aquejados de males diversos, los conducían a él, y *él,* imponiendo sus manos, a cada uno de ellos, los curaba...» (7)

Se trata, pues, de un acto que no trasciende en absoluto las facultades de los hombres, que no es ni un rito religioso ni el ejercicio de una función sobrehumana. Después de Jesús, todos aquellos que asuman el mismo gesto con el mismo espíritu obtendrán los mismos resultados, pues fue dicho:

«...en mi Nombre... impondrán sus manos a los enfermos y éstos serán curados...» (8).

Creo que es absolutamente necesario conocer bien estas nociones fundamentales, pues constituyen el único medio de escapar a los «obstáculos» sobre los cuales, al terminar este estudio, atraeré vuestra atención.

(7) No cito más que algunos pasajes de los evangelios, los lectores podrán acudir a los pasajes siguientes:

Mt. 9-18; Mc. 6-5, 7-32, 8-23; Lc. 4-40, 13-13.

Es oportuno citar aquí un pasaje muy curioso de una conferencia de Lacordaire en Nôtre Dame de París el 6 de octubre de 1846:

«Las fuerzas magnéticas y ocultas de las que se acusa a Cristo de haberse valido para hacer milagros, podría nombrarlas sin temor y librarme a ellas con facilidad, aunque la ciencia no las reconoce, e incluso las proscribe. De todas maneras prefiero obedecer a mi conciencia que a la Ciencia. ¿Invocáis a las fuerzas magnéticas? Pues bien, yo creo en ellas sinceramente, firmemente. Creo que sus efectos han sido constatados, aunque de una manera que es incompleta y que lo será siempre, por hombres sinceros, instruidos e incluso cristianos. Creo que estos fenómenos, en la mayoría de los casos, son puramente naturales. Creo que su secreto nunca se ha perdido en la tierra, que se ha ido transmitiendo de época en época, que ha dado lugar a una serie de acciones misteriosas cuya pista se sigue fácilmente, y que sólo hoy ha dejado la oscuridad de las transmisiones subterráneas, porque el precedente siglo ha sido marcado en la frente con el signo de la publicidad.» (Citado por M.ª Maurice Garçon, en «El magnetismo ante la ley penal»).

(8) Mc. 16-18.

* * *

Y seguiré ahora, con gran placer, el consejo que Oswald Wirth da en las últimas líneas del Capítulo IV de «La imposición de las manos»: «...el gusto creciente por las investigaciones teóricas moderó mi celo por la práctica; quizá nos acercamos al tiempo en que la teoría recibirá la preferencia.»

El magnetismo, en sus justificaciones metafísicas, se apoya en dos principios esenciales: el primero puede enunciarse a la manera de la ley de Lavoisier: nada se crea, todo se transforma... El segundo es que el «Mal», o lo que así denominamos, sea moral, mental o físico, no es nada más que la expresión de un desarreglo espiritual (9). En nuestro mundo sometido a las leyes de acciones y reacciones concordantes, el mal y el sufrimiento constituyen una masa invariable, que pesa sobre los hombres en su conjunto, y sobre cada uno de ellos en la parte que le coresponde. Cuando un hombre ya no puede soportar la carga que se le ha impuesto, cuando llega al límite de sus posibilidades, debe sucumbir, o deberá otra persona aceptar el ayudarle con toda o parte de la carga. ¿Cuántos magnetistas han tenido esto en cuenta? Seguramente pocos, pues si hubieran tenido una visión clara de sus actos, y de sus consecuencias, la mayor parte hubieran retrocedido ante una msión que sobrepasase sus fuerzas.

El mal que le quitas a tu hermano, la carga que le aligeras, debes asumirla tú mismo. Esto es cierto en todos los planos, incluido el aspecto físico. Así pues, por regla general, yo incluso diría matemática, el magnetista, por fuerte que sea, cederá él mismo un día, víctima de su abnegación fraternal.

Sí, si no conoce su «arte» a la perfección. Hay sistemas

(9) Cf. «La imposición de las manos». Cap. XIX.

técnicos que permiten alargar el plazo, pero no existe ninguno que permita eludirlo.

No, si el magnetista, con toda confianza, coloca la carga sobre Aquel que vino para asumirlas todas él. Así, no siendo él mismo sino el Otro, el magnetista no será más que un instrumento. En esto coincido con madame Héléna-Charles, que no cesa de insistir en la necesidad de una espece de pasividad activa, que permite la curación del enfermo sin que el magnetista se vea obligado a sustituirse él mismo para restablecer el equilibrio de las masas.

Llegados a este punto hace falta tener la sensatez, la honestidad, el valor de constatar nuestra impotencia como hombres. De asumir este acto de humildad de Oswald Writh ante el sufrimiento de Guaita, que no podía ya añadir a su cuenta personal...

«A pesar de su sufrimiento, nuetro amigo no desprecia sus preocupaciones intelectuales. Entre desvanecimiento y desvanecimiento, se hace leer a Favre d'Olivet, al cual comenta en esta ocasión con tanta lucidez como en sus mejores días. Tiene, por este lado, un inmenso recurso que ningún médico hubiese esperado. Es nuestra ocasión de aprovecharlo, por el único medio en estos momentos eficaz, es decir, la oración...» (10).

Mucho tiempo después Wirth tomará el mismo tema, de una forma aún más explícita...

«... Nuestros antepasados sabían curar utilizando la imposición de las manos, y los actuales discípulos de Mesmer han vuelto a hallar su secreto. Pero el agente curativo, ¿es un

(10) Carta de Oswald Wirth a Laurent Tailhade, 28 de junio de 1897.

fluido magnético que emana del cuerpo humano, o una vibra-
ción al servicio de la voluntad?

El gran secreto del arte médico no residiría en el fervor con
que los curanderos aspiran a curar a los enfermos...» (11)

Precisará entonces las nociones que aparecían en su espíritu cuando no tenía más que veintiocho años, que muestran
hasta qué elevado punto de madurez espiritual habían llegado,
tanto el uno como el otro...

«De momento no me ocupo más de restablecer el orden,
tanto como puedo, en la máquina material del enfermo; pues
ocurre a menudo que los desórdenes que me piden que repare
están producidos por un mecánico incompetente, que no sabe
regular el empleo de las fuerzas de su propia máquina. No se
trata, entonces, de una máquina que necesita reparación, sino
de un mecánico que necesita la educación adecuada. Quiero
decir con esto que la medicina del cuerpo está estrechamente
relacionada con la del alma, y que es muy difícil practicar bien
la una sin la otra...» (12)

No conviene que una introducción sustituya a una obra a
la que sólo debe presentar, pero antes de terminar quiero insistir en los peligros del magnetismo. Oswald Wirth y madame
Héléna Charles hacen alusión a ello. Yo querría, por mi parte,
señalarlos, a fin de que aquellos que acepten el sacrificarse por
su prójimo lo hagan con pleno conocimiento de causa, con aceptación total de su destino, y que puedan, en la medida de lo
posible, utilizar su voluntad humana para evitar las malas
consecuencias que sorprenden a los practicantes imprudentes.

El primer obstáculo es el uso de la droga, en todas sus
formas, y sobre todo el uso de excitantes. Vivo en un departa-
mento en el que ejercen gran número de magnetistas empí-

(11)   Oswald Wirth, «Los misterios del Arte Real», página 109.
(12)   Carta de Oswald Wirth a Stanislas de Guaita, 20 de julio de
1888.

ricos. Obtienen a menudo resultados sorprendentes, y, curiosamente, se suceden hereditariamente de padres a hijos o sobrinos. He podido deplorar la influencia de los excitantes, y, con gran tristeza, en mi propia familia. Algunos días, sea por cansancio del operador, sea por defecto de «comunicación», el magnetista se siente casi inútil ante su paciente. Así va tomando la costumbre de suplir su fuerza habitual por la de un excitante. El resultado inevitable, al cabo del tiempo, es el decaimiento total del cuerpo físico.

Este obstáculo es el que produce el fracaso de los magnetistas que yo llamaría «incultos», sin que esto les quite su valor intrínseco.

El segundo es mucho más sutil, más insidioso, al que Oswald Wirth hace alusión en el capítulo VIII: «El peligro del hipnotismo». Se debe ir más lejos.

El magnetista, por fuerte y confiado que sea, pone en juego una serie de fuerzas de las que ignora casi todo. Es lo que yo llamaría los «límites del más allá». Que Wirth no los haya mencionado no quiere decir que ignorase este aspecto del problema. No daré, como prueba, entre muchas otras, más que estas cartas dirigidas a Guaita:

«...Ha caído entre mis manos una pobre mujer ciega a causa de una meningitis crónica que le produjo la parálisis del nervio óptico. Desde las primeras sesiones ha habido serias mejoras, y hay cada día más momentos en que ve los objetos que están delante suyo; pero apenas durante un segundo. En fin, la curación es cuestión de tiempo, y estoy seguro de que lo voy a conseguir.

Lo raro de este caso es que parece ser obra de los Espíritus. Es como una especie de obsesión. Un sujeto muy sensible, consultado por el «sistema del cabello» cogió el mal de la enferma con una intensidad tal que sólo pudo librarse al cabo de seis

días, y ello a fuerza de oraciones a un cierto Espíritu llamado
César por ella misma. Decía verle claramente, en sus sueños,
sufrir con desesperación el mal que ella no padecía más que
en pequeñas crisis, pero tan violentas que pedía ser envenenada
para poner fin a sus sufrimientos. El tal César pretendía, con
todo esto, ser magnetizado por mí. Así pues, le dediqué una
serie de sesiones que parecieron calmarle visiblemente. Algunos días después la sonámbula estaba curada, y vio al espíritu
dormir con un sueño tranquilo que debía hacerle recuperar la
salud... Observé que con estas primeras magnetizaciones en el
vacío había casi anulado todas mis fuerzas durante dos días,
pero al tercero una magnetización produjo en mí el efecto
contrario, excitándome como si hubiera tomado demasiado café.
Creo que usted encontrará estas observaciones interesantes desde el punto de vista del estudio de las fuerzas ocultas que nos
rodean... tengo ahora un nuevo cliente que se cree atormenta-
do por los espíritus; empezaron rompiéndole una pierna mientras se encontraba de pie, más tarde fue víctima de una serie
de enfermedades sin origen físico explicable. Ante la impotencia de la medicina, recurrió al magnetismo, el cual al cabo de
seis meses le había producido grandes alivios, pero más que
curarle, lo que conseguía era desplazar su mal. En los últimos
días le sobrevino una nueva crisis, una diarrea imposible de
detener, incluso por el bismuto suministrado en altas dosis.
El magnetista se fue aterrorizando entonces ante la causa oculta, que empezó a producir ruidos insólitos en el apartamento.
Por consejo de su paciente, me cedió el caso, en mi calidad de
"medium curander"o. Voy por la segunda sesión y el enfermo
constata una notable mejoría...» (13).

Oswald Wirth ha pagado muy caro el derecho a enseñar-
nos. Tengamos en cuenta sus advertencias. Por la voluntad, y

(13) Carta de Oswald Wirth a Stanislas de Guaita, 30 de agosto-6
de septiembre de 1887.

sólo por ella, se puede superar el atractivo de los excitantes. En cuanto a los seres del mundo sobrehumano, sean reales o producto de nuestra imaginación, sólo hay dos sistemas de evitarlos, según nuestra propia naturaleza: la sabiduría o la plegaria.

*   *   *

Ultima carta escrita por Oswald Wirth, el 19 de enero de 1943.

«...No es cuestión de renunciar a la gran obra, absorbido por un Ouroboras y dirigido por él. Somos ínfimos en comparación con el Todo, pero tenemos en él nuestro sitio y cumplimos nuestra función. Hay en cada uno de nosotros un centro de actividad que se adapta a la tarea que se le ha asignado. Somos lo que somos por las necesidades del papel que representamos, sin que el actor permanente se identifique con el personaje teatral al que representa transitoriamente. Lo que nos resulta difícil es conocernos tal y como somos nosotros mismos, independientemente del disfraz que llevamos en escena. ¿Qué éramos en la vida, qué llevábamos antes de encarnarnos, y qué seremos tras nuestra liberación de las obligaciones terrestres? ...Quiero llegar a la otra dimensión impregnado del papel que he representado. No quiero romper con los camaradas que conservan su empleo en la obra de la que me interesa el desenlace. Hay ciertas relaciones de afecto que no se rompen entre centros de radiación física.

Creo en el amor y en su indestructibilidad cuando es inmaterial. Si amo a la humanidad, con la cual he compartido a la vez miserias y nobles aspiraciones, no puedo abandonarla una vez eliminado de sus líneas de combate terenal. Me queda, pues, la esperanza de permanecer unido a aquellos que no han terminado su tarea, una vez haya traspasado el velo... Rehúso renegar de mi patriotismo terenal. No acepto la deserción ante la obra de redención humana. Es al amar cuando somos felices, y no veo más felicidad que la del amor que se da y contribuye al máximo, en particular y en general.

Y tengo la profunda convicción de que no me equivoco...»

Marius Lepage
Laval, 6 de mayo de 1961

«El individuo no es nada por sí solo, pero puede disponer de una fuerza inmensa si consigue imantarse con las corrientes de la vida colectiva.»

«El gran agente mágico resulta de la unión de la voluntad masculina y de la imaginación femenina, principios antagónicos que representan a las dos serpientes del caduceo hermético.»

«Cualquier persona puede imponer las manos y ofrecer quizá, por este método tan simple, inestimables servicios. El magnetismo curativo debe vulgarizarse, hacerse costumbre.»

«Sabed desear con tranquilidad, sin brusquedades ni sobresaltos; tened el espíritu despierto, dejaos llevar fuera de vosotros mismos para ayudar a los demás; cultivad vuestras facultades voluntarias e imaginativas: es así como vuestro poder oculto irá en aumento. El secreto está en aprender a pensar, para serviros del pensamiento como de una fuerza comparable a la de la electricidad.»

O. WIRTH

A la memoria del

Vizconde CHARLES DE VAURËAL

doctor en Medicina de la Facultad de París

a quien el autor debe la clave interpretativa
del simbolismo hermético

PROLOGO

Al emprender la edición de un tratado sobre la imposición de las manos, el autor no ha buscado más que un fin humanitario: había constatado la eficacia de un sistema de tratamiento desconocido y quería publicar el resultado de sus observaciones.

De ahí nació la primera parte de este libro. Está dirigido a todas las personas con el espíritu lo suficientemente independiente como para tomarse las cosas objetivamente. Se limita, pues, a un relato de experiencias personales expuestas en lo que tienen de instructivo.

Pero el autor no se contenta con esto. Había derecho a exigirle explicaciones, aunque fueran hipotéticas; pues el hecho no comporta por sí mismo convicción alguna, tanto más al no estar racionalmente interpretado. Tras haber enseñado la prác-

tica, se hacía indispensable el suministrar al menos las indicaciones relativas a la teoría.

Así se configuró la segunda parte de este trabajo.

No se pueden buscar soluciones dadas. En el dominio de la
psiquiatría hay muchas cosas que son todavía un misterio. Los
agentes físicos que originan esta rama del arte médico nos son
desconocidos en su esencia. Nadie podría definir exactamente
el pensamiento, la voluntad, la imaginación, la vida...

Poseemos, en cambio, una tradición filosófica que resuelve
los problemas más temibles. Varios grandes pensadores han ela-
borado una síntesis de ciencia y metafísica que merece ser pues-
ta en conocimiento de las generaciones actuales. El autor se ha
propuesto, al exponer los principios de la medicina filosófica,
reconstruir este valioso monumento de la arqueología del pensamiento.

Desgraciadamente, las altas especulaciones de la filosofía hermética no pueden ser vulgarizadas. Serán siempre propiedad
de esta élite intelectual que sabe discernir el espíritu con vida
de entre las cortezas de la letra muerta.

Aquellos que pueden ver la claridad interna de las cosas
dan al lenguaje figurado una precisión que ninguna terminología
escolástica podría dar. Por esta razón las doctrinas alquimistas no han sido despojadas de sus vestimentas tradicionales.

Así pues, estas páginas permiten al lector salirse de los sen-
deros establecidos. En verdad, no ofrecen más que materiales
apenas elaborados, pero quizás en esto reside su mérito. Pues
lo importante no es presentar a los hombres la verdad en su
quinta esencia más pura, sino ofrecerles los alimentos de donde
podrán extraerla.

Que cada uno haga, pues, el esfuerzo de interpretar los
conceptos que aquí no están más que esbozados. Interesan al
mismo tiempo al médico, al filósofo y al simple curioso ávido
de misterios.

Pero, preferentemente, este libro va dirigido al hombre de buen corazón, dispuesto a ofrecer al prójimo un agente terapéutico que todos tenemos, literalmente, «a mano». El autor no aspira más que a ser útil y a no retener para sí el fruto de sus estudios.

O. W.

París, 5 de abril de 1895.

LA IMPOSICION DE LAS MANOS
Y SUS PROCEDIMIENTOS CURATIVOS

PRIMERA PARTE

PRÁCTICA

CAPÍTULO PRIMERO

LA MEDICINA INSTINTIVA

La intuición. — Los orígenes del arte de curar. — Conceptos primitivos. La fuerza vital transmisible de una persona a otra. — La psicocirugía. — Su porvenir.

La leyenda, al atribuir a los primeros hombres el conocimiento espontáneo de las cosas, hace sin duda alusión a las prerrogativas que posee la inteligencia en estado naciente.

Al salir de la ignorancia absoluta, el espíritu humano no tiene ningún prejuicio, ninguna idea preconcebida. Su independencia es perfecta y nada le impide orientarse libremente hacia la verdad.

Ésta actúa sobre las inteligencias vírgenes como un potente amante: las atrae y las sumerge en un éxtasis que les permite contemplar la luz espiritual en su total pureza. Es lo que las Escrituras llaman conversar directamente con Dios.

Esto nos dice que en su infantilismo original el hombre intuitivo es por naturaleza profeta o vidente. Adivina lo justo: en vez de razonar, sueña y sus visiones tienen algo de geniales.

Pero esta revelación primordial debe ser formulada. Este es el inconveniente, pues lo estático no dispone más que de imágenes infantiles y burdas. No puede impedir el personificarlo todo. Al juzgar lo desconocido según él mismo, crea divinidades a su semejanza y puebla su imaginación de fantasmas.

Estas quimeras envuelven y asedian su espíritu. Son las formas con que se reviste el pensamiento. Enmascaran la verdad, que sustraen a la inteligencia. La Luz primitiva no llega entonces al hombre, que ha sido cazado por el Edén: ya no posee la visión genial de las cosas, y adquiere sus conocimientos arduamente. Es ya muy feliz si un trabajo ingrato le proporciona algo más que frutos amargos. La tierra que riega con su sudor no le da más que cardos y berzas.

Ahora nos es todavía posible levantarnos. El secreto consiste en deshacernos de las costumbres viciosas de nuestra inteligencia: volvamos a ser como niños si queremos entrar en el Reino de los Cielos. Podemos encontrar de nuevo la primitiva inocencia, el frescor de la primera impresionabilidad. Para ello sólo deberemos abstraer las teorías de moda para remontarnos hasta la cuna de nuestros conocimientos. Es, pues, de las fuentes iniciales de nuestro saber de donde podremos extraer las nociones de una pura y profunda sabiduría.

Sin duda, al volver sobre nuestros pasos, no encontraremos más que las formas o las cortezas que constituyen la letra muerta de las supersticiones. Pero estos cadáveres, estas momias, nos permiten evocar el pensamiento, vivo eternamente, que una vez estuvo encerrado en ellos. Es por esta razón por la que nada puede ser menospreciado. Todo parece falso y ridículo cuando no lo conocemos; pero cuando el espíritu se abre a la comprensión todo se vuelve respetable y verdadero.

Apliquémonos, pues, a descifrar lo que el hombre quiso decir cuando, todavía incapaz de expresarse, apenas balbuceaba fábulas. Quizás encontremos en sus instintivas coyunturas nociones útiles. Al espíritu humano le costaría retractarse sobre él mismo, pues al recorrer el ciclo de sus exageraciones no se acerca tanto a la verdad como cuando vuelve a su punto de partida.

Para convencernos de ello nos basta con imaginarnos lo que el arte de curar debió ser en sus principios: trasportémonos a una época en la que no se conocían todavía ni la botánica ni la química. ¿Cómo se esforzaba entonces el hombre para evitar las crisis del dolor?

La respuesta la encontramos observando lo que ocurre diariamente a nuestro alrededor.

Consideremos, pues, al niño que acaba de lastimarse un deo. ¿Qué es lo que hace? Se lo lleva a la boca, y el contacto de sus labios, la tibieza de su aliento el frescor de su soplo le alivian.

Otro joven recibe un golpe en la mano y vivamente presiona los dedos doloridos bajo la axila.

Incluso nosotros mismos, ¿no nos aplicamos la mano en la frente cuando nos lo pide el dolor de cabeza? Y los dolores intestinales, ¿no nos obligan a recurrir a la acción calmante de las manos?

Estos ejemplos, que podrían multiplicarse hasta el infinito, muestran cómo el hombre reacciona espontáneamente ante el dolor. Sin detenernos a pensarlo, nuestra mano se conduce ella misma a la parte aquejada. Es una ley de actividad refleja o automática que no podemos evitar. El instinto, guía infalible de los seres que no razonan, nos lleva así a buscar en primer lugar, en nosotros mismos, el remedio contra el dolor.

¿No es, pues, una indicación clave? ¿Por qué buscar fuera de nosotros, cuando es en nuestro interior donde yace la fuente de la vida? ¿No pasan, pues, las cosas como si toda parte sana del cuerpo tendiese a llevar esta salud a la parte enferma? Las civilzaciones antiguas no lo dudaron nuca, como lo demuestran sus primeras teorías médicas.

A sus ojos, la enfermedad era una entidad hostil, un espíritu maligno, un soplo venenoso que se insinuaba traidoramente en el organismo. Por el contrario, la salud aparecía como una esencia divina repartida normalmente por todos nuestros órganos, a los cuales aseguraba integridad y funcionamiento regular. Para combatir al demonio se creía suficiente el poner en contacto con él a su antagonista. Se desencadenaba así una lucha que terminaba por la victoria del más fuerte.

Estas ideas, sugeridas por la práctica de curar imponiendo las manos, hicieron nacer la magia caldea. Los médicos babilónicos escribían sus ordenanzas en los ladrillos de sus construcciones. Hoy en día las descifran los asiriólogos. No se trata, quizá, de remedios psíquicos; pero los dioses, en estos textos cuneiformes, tienen el compromiso de proteger al enfermo, librándolo de sus enemigos invisibles. Aún en nuestro tiempo, los tártaros atribuyen todas sus enfermedades a la influencia de los malos espíritus. Para cazarlos, recurren a ceremonias mágicas, como los pueblos primitivos que tienen brujos por médicos, cuyas danzas furibundas y aullidos frenéticos ahuyentan a los diablos del cuerpo del enfermo.

Estas extravagancias no tienen mucho que ver con la medicina instintiva. Esta debería conducir a procedimientos más simples, racionales y eficaces.

Se comprobó que es positivo para el enfermo permanecer totalmente pasivo y recurrir a la acción curativa de una mano

distinta a la suya. La intervención de una persona robusta y
bien equilibrada aporta un punto de vitalidad, que beneficia inmediatamente a un organismo debilitado. Del rico al pobre
se opera una especie de transfusión equilibrante de las fuerzas
vitales, que se dirigen ellas mismas hacia los órganos que las
necesitan.

Esta acción puede quedarse en un acto puramente psicoló-
gico e inconsciente. Se produce espontáneamente sin ningún tipo
de intervención voluntaria, intencional o razonada del operador. Éste, en cambio, sólo pone en juego todo su poder de acción si hace intervenir su pensamiento y su voluntad, dicho de
otra manera, su alma.

Los médicos-sacerdotes de la antigüedad sabían, según esto,
exaltarse con plegarias y encantamientos, para actuar vibran-
tes de fervor místico. Sus tradiciones pasaron a los esenios
(del siríaco «esso», curar), y a los terapeutas, que elevaron a
un alto grado el arte de la psicocirugía.

Los Evangelios se ocuparon de vulgarizar los procedimientos curativos de la medicina natural, enseñando a curar por
la imposición de las manos. Pero pronto fueron despreciados
por el carácter de las curas efectuadas por los primeros cristianos. El milagro tenía menos parte que lo que se creía en la
época de la fe ciega. Para imitar a los apóstoles restituyendo la
salud al prójimo no es indispensable el ser santo; es suficiente
poseer uno mismo lo que se quiere dar; es decir, estar sano.

La perfecta salud del cuerpo supone una salud correspondiente del alma y del espíritu. Pero todo es relativo, tampoco
puede exigirse la perfección. Hay personas que están mejor
niveladas que otras y pueden, pues, ayudar a los demás. La
compasión sincera por el sufrimiento del prójimo es suficiente
para capacitarnos a realizar todas las maravillas terapéuticas
de los psicocirujanos.

La medicina instintiva queda así al alcance de la gran mayoría. Así como no exige más que un grado mínimo de salud, tampoco reclama conocimientos especiales. No es la que obliga a disecar cadáveres, a torturar animales, ni a retener gran cantidad de términos técnicos. Tampoco pide ser ignorante por sistema; pero un poco de sagacidad natural, con ardor generoso y buena voluntad llevan más lejos en el terreno de la psiquiatría que todo lo que se pueda aprender en las escuelas.

Así como la madre que coge contra su pecho al hijo amenazado de muerte, con su máxima ternura querría darle su propia vida... y el prodigio se cumple. Por la transmisión de vitalidad el niño se salva cuando la ciencia le consideraba ya muerto. ¡Cuántas veces el amor maternal ha hecho, de esta forma, errar los pronósticos médicos!

Lo triste del caso es que estamos cegados por una falsa educación, que nos aleja de la simplicidad natural. No concebimos la medicina si no va acompañada de una fuerte pompa charlatanesca. Para merecer nuestra confianza se necesitan títulos y diplomas, con prescripciones de drogas misteriosas. Pero, sobre todo, una costosa factura.

Los prejuicios son fuertes. Pero nos cansaremos de los remedios artificiales y nos veremos forzados a volver a la Naturaleza que cura por sí sola. El trabajo del atre no consistirá entonces más que en secundar su obra reparadora y volverá a los principios de la medicina instintiva.

Deseemos entonces que los discípulos de Hipócrates se muestren menos pródigos con los tóxicos. Se puede curar con medios inofensivos; sin proscribir de una manera absoluta medicamentos peligrosos, conviene, al menos, reservarlos como último recurso. La NATURALEZA debería tener la palabra en los venenos e instrumentos del ARTE.

Cuando la medicina entre en esta fase, reservará más lugar a la psiquiatría, y nadie pensará en ella como en una ciencia nefasta, explotada por los proveedores de la muerte.

Capítulo II

PRIMEROS ENSAYOS

Una lectura atrayente. — Experiencia en el colegio. — Constataciones repetidas. — Agotamiento de mi fluido. — Consideraciones impuestas por la adolescencia.

Cuando hablo de magnetismo, mucha gente se pregunta cómo me vino la idea por primera vez. Para satisfacer esta legítima curiosidad, debo transportarme a mis catorce años. Yo iba entonces a un colegio en la Suiza alemana, el de los buenos padres benedictinos, que tenían a disposición de sus alumnos una rica biblioteca. Lo que solemos llamar «azar» me hizo descubrir, en un inventario, un libro titulado: «Der Wunderdoctor», el doctor de los milagros.

Creyendo encontrarme ante una obra imaginativa, me sorprendió encontrar tanta fantasía bajo una pluma germánica. Si se hubiese tratado de un escritor francés ningún tipo de invención me hubiera parecido demasiado ingeniosa; pero vi a mi alrededor tantos espíritus masivos, que tuve la impresión de que una verdad servía de trama al relato que me había maravillado. Hablaba de curaciones sorprendentes, realizadas por una fuerza que nuestros nervios podían emitir bajo el impulso de la voluntad.

En principio, la teoría no me pareció irracional. ¿Por qué

los hechos la desmentían? Siguiendo mis reflexiones no tardé en entrever toda una ciencia desconocida por mis profesores. En mi incorregible calidad de último de la clase, me puse a pensar en una venganza secreta. Conocer cosas misteriosas que no figurasen en el programa de las clases, poder parecerme a los hombres de ciencia, ¡qué gran sueño para un escolar perezoso!

Pero, ¿había algo de cierto en la historia del magnetista creado por el escritor alemán? ¿Qué pensar concretamente de una nota final indicando sumariamente los procesos a poner en práctica para ser magnetista? El autor pretendía, como mucho, que el don de los pseudomilagros es común y animaba a toda persona vigorosa a intentar la experiencia.

Decidí asegurarme de ello.

Esa misma noche, tras un caluroso día de junio, estaba hablando con uno de mis compañeros. Él estaba distraído, pues un mosquito le había picado en una pierna y no paraba de rascarse.

Esto me hizo pensar en el método curativo por el que estaba preocupado. Era la ocasión de probarlo. Con aire misterioso propuse a mi amigo curarle con un procedimiento «secreto».

Muy intrigado se puso a mi disposición, y me mostró una pequeña mancha pálida en una pierna. La herida era insignificante y para curarla era suficiente con ser un brujo muy pequeño. Completamente seguro, ataqué la picadura tan sólo rozándole la piel con la punta de los dedos de mi mano derecha, mientras con la otra apretaba su puño con la fuerza suficiente para provocar en mi brazo una contracción nerviosa. Estábamos de rodillas en la hierba, uno enfrente del otro. La consigna era mirarse fijamente a los ojos, el uno con el firme propósito de ser curado, el otro con el de actuar como mago.

Al cabo de diez minutos esta inocente práctica fue interrumpida. Mi amigo pertendía que ya no sentía nada. En un principio creí que intentaba mistificarme. También podía ser que se tratara de una intermitencia fortuita. Pero mi compañero no lo creyó así. Había notado que algo anormal ocurría en él, mi «secreto» había producido su efecto. «Mira la prueba». Mientras decía esto me mostró el foco de irritación, que, efectivamente, no presentaba el mismo aspecto. Ya no había más que un poco de irritación uniforme; la pequeña infección central había desaparecido.

Me sentí totalmente confuso. ¿Sería verdad? ¿Habría, pues, una realidad en esas cosas ocultas que se nos inculcan a base de amenazas y de castigos? ¡Ah! excelentes maestros, si esta es una ciencia que no conocéis, en ésta me aplicaré. Saber lo que sabe todo el mundo no es entusiasmante. Pero lo desconocido, ¡qué atractivo para una imaginación viva!

Todo esto estaba muy bien; pero, ¿no había sido víctima de una ilusión? ¿Conseguiría repetir la experiencia?

Estaba obsesionado con esto. ¿Y si hubiese entre los alumnos un cojo? Pero precisamente había uno que llevaba la mano vendada. Durante un paseo coleccionando insectos, se había lastimado con unas ortigas y el dolor todavía le duraba.

Le ofrecí mis servicios, que fueron aceptados, y operé con el mismo éxito.

Ya no tenía duda alguna. Era un brujo. Lo aprovechaba para disipar dolores de cabeza, de muelas, y toda una serie de pequeños males. Cada vez debía obtener el resultado en dos o tres minutos. En caso de fracasar, no lo repetía. Me hacían falta éxitos instantáneos.

No podía atender más que desórdenes superficiales; por poco profundos que fueran resistían mi manipulación. Pero a mis ojos, eso era el indicio del agotamiento de mis reservas fluídicas. Había gastado mis fuerzas; debía dejarles tiempo a mis pilas para que se cargasen.

Además, estaba pasando por una fase de crecimiento que no era propicia a los ejercicios de gimnasia nerviosa. El organismo debe terminar de construirse antes de poder disponer libremente de sus energías latentes. Por voluntad propia o por obligación, tuve que posponer el ejercicio de mis poderes ocultos. Pero ya había empezado; me quedaba una convicción: la de la realidad del magnetismo.

Capítulo III

MIS INICIADORES

Las aventuras de Cagliostro. — El Barón Du Potet. — Adolphe Didier. — El aura magnética. — Las ventajas de la sensibilidad. — El vegetarianismo. — El ayuno.

Dadas mis disposiciones de espíritu, se concibe el interés que debí tomar por ciertas lecturas. Me debió impresionar, sobre todo, *Joseph Balsamo.* Pero la novela de Alexandre Dumas me sugirió una serie de ideas bastante absurdas.

Me hizo plantearme el arte de curar como transmisible por vía de una investidura oculta. Yo creía que era imposible convertirse en magnetista por uno mismo, sin ser iniciado por un adepto. Me imaginaba una especie de sacerdocio que se perpetuaba por medio de una consagración especial, por efecto de un sacramento mágico.

Estas concepciones poco racionalistas fueron en seguida tachadas de fantasmagorías infantiles. Al haberme convertido en un espíritu fuerte, no quería ver en el magnetismo más que un agente puramente natural, del cual todos pueden beneficiarse, con la condición de que conozcan las leyes.

Era necesario, pues, instruirme con maestros experimentados: era toda la iniciación a la que podía aspirar.

Encontrándome en París en 1879, fui informado de la fundación de una sociedad magnetoterápica presidida por el barón Du Potet. Me inscribí en ella, prometiéndome a mí mismo seguir con asiduidad las sesiones, que se anunciaban como altamente instructivas. Pero tuve que marcharme súbitamente a Inglaterra.

Me representó un amargo contratiempo, pues lo poco que había aprendido había picado en gran manera mi curiosidad. No se muerde el fruto de las ciencias misteriosas sin perder totalmente el reposo y arder de sed por lo desconocido.

Desde mi llegada a Londres me puse a la búsqueda de un magnetista, y me dieron a conocer a Adolphe Didier, hermano del famoso Alexis, célebre bajo el segundo imperio por su lucidez sonambúlica.

Adolphe parecía conservar de su familia una organización sensitiva de gran delicadeza. Percibía, al tocarlos, la atmósfera magnética que envuelve a los objetos. Didier se prestaba a la siguiente experiencia:

En ausencia de lo sensitivo, se escogía de entre los estantes de una biblioteca, un libro que alguien sostenía entre las manos con la intención de magnetizarlo. El volumen se colocaba de nuevo en su sitio y se hacía entrar en la sala a Didier. Éste cerraba los ojos y pasaba lentamente la mano entre los libros. Así reconocía el volumen magnetizado.

Didier había basado en su sensibilidad un método especial de auscultación. Pasando la mano ante los diferentes órganos de un enfermo percibía las anomalías de la radiación vital, y llegaba así a un diagnóstico que decía infalible en lo que concierne a la acción magnética.

Éste se adaptaba exactamente a cada caso en particular. Didier no se contentaba con acumular electricidad vital alrededor de un enfermo sin ninguna otra consideración. Su procedimiento se dirigía a reparar juiciosamente las pérdidas del organismo, y no tenía nada de violento ni arbitrario. La naturaleza guía a los que saben sentir. El operador debe, pues, actuar con esta sagaz distinción que le permite responder exactamente a las necesidades del enfermo.

Con Didier sólo tuve un encuentro, pero me bastó para comprender todo el valor de sus principios. Años después, todavía los sigo poniendo en práctica.

Para abordar con éxito la práctica de la medicina natural es importante el no actuar ciegamente. La Naturaleza pide ser secundada con docilidad, y es ventajoso refinar los sentidos a fin de asociarse fielmente a sus empresas.

Pero, ¿por qué proceso pueden nuestras sensaciones adquirir un mayor nivel de agudeza?

Había oído, a este respecto, alabar las ventajas del *régimen vegetariano*. Sus partidarios afirman que ejerce una influencia equilibradora en el sistema nervioso, al suprimir toda excitación facticia. Para ellos la carne es un excitante que exalta momentáneamente la motricidad, a expensas de la delicadeza sensitiva.

Quise comprobar la realidad práctica de estas teorías. Con precaución y ciertas transiciones llegué a acostumbrarme a un régimen de frutas, legumbres y derivados de la leche. En primer lugar resultó para mí un mayor equilibrio anímico: me encontraba curado de cualquier irritabilidad, de toda impaciencia; el mal humor, la tristeza y la ansiedad habían desaparecido Una tranquila alegría hacía que me lo tomase todo bien: acababa de adquirir el temperamento del filósofo y del artista. La armonía de la naturaleza o las obras de arte me procuraban un goce exquisito. Por otra parte el espíritu parecía haber tomado más imporancia en el cuerpo, como si, elevándome por encima de la animalidad, me hubiera vuelto más *hombre*.

Estas constataciones me pareció que justificaban plenamente la disciplina de Pitágoras (1); pero mi ambición no estaba todavía satisfecha. El *ayuno* había jugado un papel importante en la psicocirugía antigua: yo lo debía probar. Fui racionándome progresivamente, y llegué a tener suficiente con una fruta y unos trozos de pan cada día. Así pude, durante diez días, seguir el curso habitual de mis ocupaciones sin padecer hambre. Cada día caminaba una lengua por la mañana y otra por la noche; así, aunque privado de toda energía muscular, andaba sin cansarme, como si no pesase nada. Mi pensamiento se conservaba activo, pero me costaba hablar: me había dado al sueño y a la contemplación.

Este tipo de experiencias pueden ser muy convenientes para el dominio del sistema nervioso, pero no se puede abusar de ellas. Y sucedió que los que me rodeaban se alarmaron, no sin motivo. Me hicieron las más sensatas recomendaciones para volver a vivir como todo el mundo; pero yo no estaba en absoluto dispuesto a seguir los argumentos de la lógica corriente.

(1) Se sabe que este filósofo prescribía a sus discípulos un régimen alimentario destinado a favorecer el desarrollo del pensamiento y la lucidez de juicio.

Capítulo IV

PRIMEROS TRABAJOS PRÁCTICOS

*El regimiento. — Curas de cuartel. — Primera cura importan-
te. — Un tumor maligno. — Éxito inesperado. — Hemorragias
consecuentes.*

Mis excentricidades inglesas terminaron con mi partida al
servicio militar. En el cuartel tuve que renunciar a las especulaciones trascendetes y a las experiencias hechas conmigo mismo. En contrapartida, iba a encontrar la ocasión de convertirme
en taumaturgo.

Uno de los hombres de mi habitación sufría un violento
dolor de muelas. Le ofrecí curarle y aceptó rápidamente.

Mientras le hacía una serie de pases magnéticos a lo largo
de la mandíbula, los asistentes, que éstaban en círculo, se pu-
sieron a reír de lo que tomaron por una farsa de parisino.
Incluso el paciente participaba de la hilaridad general. Tuvo
que hacer un esfuerzo para calmarse cuando, al cabo de unos
minutos, me interrumpí para informarme de sus sensaciones.

Se palpó la mejilla con sorpresa. Esa fue la señal para un
torrente de elogios.

Pero el soldado se había puesto completamente serio, y con
un tono completamente convencido gritó: «¡Reíros todo lo que

queráis, pero lo más divertido es que ya no me duele nada!»

Esta escena hizo que se me considerara como un «tipo aparte». Mi obesidad excesiva y mi fisonomía enérgica contribuyeron a impresionar a mis camaradas. Me creían dotado de poderes sobrenaturales. Aprovechando mi reputación me pasaba todas las noches por las habitaciones para magnetizar a los enfermos. Cada día obtenía al menos un éxito. Al cabo de poco tiempo tenía tanto prestigio que en la compañía tomaron la costumbre de mandarme a todos los que se quejaban del menor mal; siempre con el mismo sonsonete: «ve al brujo de la segunda escuadra, ¡él te lo quitará como con las manos!»

Por otra parte, no se es profeta durante mucho tiempo a los ojos de los que nos ven de demasiado cerca. En diversas ocasiones fui el hazmerreír de falsos enfermos, que no querían más que divertirse a expensas mías.

Otros, lo que hubieran querido era agravar su estado, para seguir estando de baja cuando pasaran revista, a la mañana siguiente.

Todo esto no me había dado ánimos precisamente, y poco a poco fui renunciando a magnetizar en estas condiciones.

Ya había perdido de vista momentáneamente el magnetismo, cuando, paseando sólo por las afueras de la ciudad, me fijé en un pobre muchacho que agachado ante una barraca no cesaba de gemir.

Sufría un tumor articular en la rodilla. La enfermedad, que tenía ya desde hacía tiempo, había resistido a diversos tratamientos en diferentes hospitales. A pesar de numerosos cuidados, el estado del pobre muchacho había ido empeorando. Estaba entonces pasando una mala época que le impedía dormir desde hacía días.

Este último detalle me dio alguna esperanza para la eficacia de mi tratamiento. Era ir demasiado lejos el querer una curación donde las eminencias médicas habían confesado su impotencia. Pero yo me creía capaz de adormecer transitoriamente el dolor y conseguir alguna mejora.

Sus padres aceptaron en seguida mi oferta.

Ante un caso de esa magnitud, me creí obligado a desarrollar toda mi energía. Así, puse toda mi voluntad para ejecutar los primeros pases a lo largo de la pierna del enfermo. Éste se puso en seguida a chillar, pero *yo no le estaba tocando.*

Esta prueba de sensibilidad me hizo comprender mi error. Había atacado el mal con demasiado ímpetu, cuando lo importante era empezar con tacto, para ir aumentando gradualmente, y terminar actuando con todo el vigor posible (1).

La sesión fue muy corta, pues los dolores que yo mismo había provocado le obligaron a dormirse.

A la mañana siguiente me dijeron que una notable mejora se había dado a ver en el enfermo. Había pasado la noche tranquila, pero el sueño completo no lo obtuve hasta después de una sesión.

Es fácil imaginar mi entusiasmo ante este resultado. Cada noche acudía a magnetizar a mi enfermo cuyos dolores se calmaron rápidamente. Parecía renacer a una nueva vida. Recobró sus fuerzas; su cara hosca, su difícil humor hicieron lugar a un aspecto tan agradable que apenas se le reconocía.

Así se restableció su salud al cabo de ocho días. Se pudo

(1) A los debutantes les falta confianza en sí mismos; todavía no saben que los resultados más considerables pueden ser debidos a medios que parecen insignificantes. La tranquilidad indiferente y la perfecta serenidad del alma son para el magnetista los más preciosos elementos de fuerza. Esto es tan verdadero que a menudo basta creerse con un poder extraordinario para poseerlo realmente. No tendríamos razón al negar la eficacia curativa a los «secretos» que se transmiten misteriosamente los campesinos. Individuos a los que se les ha inculcado que poseen poderes mágicos, están en condiciones de cumplir hechos de taumaturgia real. Algunas ceremonias, burlescas por ellas mismas, no son siempre inofensivas o infantilmente ridículas.

constatar la regresión del tumor, así como de las hemorragias nasales que sufría a intervalos regulares. No hice nada por detener este desangramiento que no afectaba al convaleciente, sino más bien le procuraba una sensación de bienestar. Tampoco había tenido nunca tan buen apetito. El magnetismo estimula todas las funciones orgánicas y activas en especial los intercambios nutritivos. Así pues, renovó la sangre, y, sin duda, las hemorragias tenían por función eliminar los elementos mórbidos de ésta. No cesaron hasta que se consiguió el restablecimiento perfecto, al cabo de dos meses.

El tumor no dejó ninguna señal, y el joven aunque siguió siendo débil de temperamento, nunca más se volvió a quejar de su rodilla.

Capítulo V

LOS ENFERMOS

La receptividad magnética. — Sus grados. — La polaridad. — Paciencia, simpatía, confianza. — La acumulación insensible de las fuerzas transmitidas. — La virtud curativa que uno siente emanar de sí.
— VldhhoEs(

Mientras no hube obtenido con el magnetismo más que resultados insignificantes, no me creí capaz de realizar curas importantes. Al verme apto a prestar servicios inesperados, tuve conciencia de los deberes que se me presentaban.

Para mí se trataba de sacar partido a mis facultades, para aplicarlas a la cura del mayor número posible de enfermos. Me puse, pues, en contacto con diversas personas de la ciudad que decían interesarse por el magnetismo. También me hicieron conocer algunos enfermos con los que inicié el tratamiento.

Casi siempre conseguía mejoras sensibles y definitivas; pero todavía el éxito no respondía a mis esperanzas. A veces la mejora no era más que momentánea e ilusoria. Otras veces el progreso se hacía esperar, e incluso había enfermos que parecían refractarios a mi tratamiento.

Estos últimos se me antojaron como *naturalezas cerradas,* así como las personas fácilmente magnetizables me parecían *naturalezas abiertas.* Éstas manifestaban una especie de afinidad magnética: atraían los efluvios vitales, y la corriente se establecía por sí sola del magnetista al magnetizado. No había por qué preocuparse: el equilibris orgánico se restablecía pronto, y era un placer el curar a este tipo de enfermos. Con ellos no me desesperaba nunca, incluso en los casos más graves, cuando con otras naturalezas el menor desorden era causa de desesperación.

Me pareció que en magnetismo el éxito no dependía tanto de la clase de enfermedad como de la naturaleza del enfermo. La misma afección en unos será curada fácilmente, en otros resistirá a los esfuerzos del magnetista.

Hasta aquí he buscado en vano los signos exteriores que indiquen a primera vista la accesibilidad a la influencia del magnetismo. Todos mis intentos de sistematización han sido contradichos por los hechos. Personas que he juzgado en un principio como refractarias se han mostrado accesibles, y a veces no he obtenido nada cuando daba el triunfo por descontado. Lo más sensato, pues, es no pronunciarse hasta haber probado.

Para explicar las diferencias de accesibilidad a la acción del magnetismo, se suponen dos polaridades contrarias, análogas a las de la electricidad o las de los imanes. Un magnetista *positivo* ejercería su máxima influencia sobre un sujeto *negativo.* Su acción sería rechazada si el paciente fuera, a su vez, *positivo.* En este caso necesitaría un operador *negativo.* Esta hipótesis tampoco puede tomarse al pie de la letra. Los sistemas son siempre peligrosos, y sobre todo en magnetismo. Hay una manifiesta exageración, por ejemplo, en la teoría de los partidarios de la *polaridad humana.*

Según ellos el lado derecho del cuerpo está polarizado en sentido contrario al lado izquierdo, y las dos manos ejercen, con el magnetismo, una acción inversa.

Yo nunca he constatado nada parecido. Siempre he utilizado alternativamente las dos manos, sin notar ninguna diferencia en los resultados obtenidos. Esto me lleva a creer que ciertos experimentadores han sido quizá víctimas de condiciones creadas por ellos inconscientemente; pues en lo relativo a la sugestión, el operador provoca lo que imagina.

Lo que realmente es cierto es que una serie de idiosincrasias indefinibles tienen en magnetismo un papel preponderante. Sin que pueda saberse la causa, a menudo un magnetista triunfa donde otro acaba de fracasar.

No hay que desanimarse demasiado deprisa cuando los resultados se hacen esperar. A veces no se presentan más que a la larga, tras semanas, incluso meses de dura preparación. Entonces quizá sobrevienen repentinamente.

Lo esencial es que entre magnetista y paciente no haya ninguna antipatía. Éste tiene que abandonarse a la acción sin miedo ni restricción. No es indispensable que tenga fe en el tratamiento, pero tampoco debe mostrarse sistemáticamente hostil, y debe tener confianza en la sinceridad del magnetista.

Esto es necesario sobre todo cuando se trata de un proceso largo. Es entonces tarea del magnetista el tranquilizar a los enfermos que reclaman curaciones inmediatas. Lo que le pasa a lo largo de las sesiones debe hacerle saber si realmente ejerce una acción efectiva. Generalmente se advierte por una sensación particular cualquier sustracción de fuerza de que se es objeto. Es un indicio de que no se opera inútilmente. El resultado final es entonces más satisfactorio cuanto más se ha hecho esperar.

Sería bueno recordar, respecto a esta sensación particular, el siguiente pasaje del capítulo V de san Marcos.

«Una mujer que sufría una pérdida de sangre desde hacía doce años, y que había padecido mucho entre las manos de numerosos médicos, habiendo gastado todos sus bienes, sin apro- vechar nada, sino más bien haber ido empeorando, habiendo oído hablar de Jesús, vino entre el gentío y tocó por detrás sus vestiduras. Pues ella decía: si consigo tan sólo tocar sus ropas estaré curada.

»Y en ese momento la pérdida de sangre se detuvo; y sin- tió en su cuerpo que estaba curada de su desgracia.

«Entonces Jesús, reconociendo en sí mismo la virtud que había salido de él, se volvió hacia la muchedumbre y dijo: ¿Quién ha tocado mi vestido?

»Y sus discípulos le dijeron: Ves que la gente te empuja y dices ¿quién me ha tocado?

»Pero él miraba a su alrededor, para ver a la que lo había hecho.

»Entonces la mujer temblorosa y llena de miedo, sabiendo lo que había hecho en ella, se echó a sus pies y le declaró toda la verdad.

»Y él le dijo: Hija mía, tu fe te ha salvado; ve en paz y sé curada de tu desgracia.»

Capítulo VI

EL SUEÑO PROVOCADO

Un cabo magnetizado por orden superior. — El sueño repentino. — El accidente. — El letargo. — El despertar. — Brujería. — No penséis más que en curar.

Las curas que hice a los enfermos de la ciudad me hicieron deshechar mi primera clientela militar.

Pero una noche tuve que ir a magnetizar a un cabo contable que pretendía padecer de vista cansada parar poder dejar de trabajar.

No tenía ningunas ganas de someterse a mis prácticas. Después de ponerlas en duda las tachó de diabólicas, o al menos de peligrosas. Me costó mucho trabajo tranquilizarle, sin poder convencerle. Al fin cedió a las presiones del furriel, que le dio a escoger entre dejarse magnetizar o sacar a luz sus cuentas.

Así pues, tuve que operar. Hice sentar al paciente enfrente mío, a caballo de un banco, mientras yo le sujetaba las manos. Esta simple toma de contacto provoca a veces una especie de hormigueo en los brazos. Como él no experimentaba nada parecido, pensé que no me encontraba ante un sujeto de mucha sensibilidad.

Quería persuadirles, a él y a los asistentes, de la realidad del magnetismo, provocando alguna sensación anormal.

Para esto, dirigí la acción de una de mis manos a sus ojos, creyendo que le haría sentir algo. Pero el personaje, siguiendo sin sentir nada, tomó esta falta de éxito en favor de su escepticismo, que los demás parecían dispuestos a compartir.

Esto me contrarió y me hizo proyectar toda mi fuerza nerviosa en los párpados del cabo, a quien había dicho que cerrara un momento los ojos.

Mantuve los diez dedos apuntándole febrilmente durante veinte segundos. Entonces vi que se levantaba. Creí que, al no haber sentido nada todavía, quería librarse de lo que él consideraba una farsa.

Como tenía la cara a la sombra, no me di cuenta de que se había levantado con los ojos cerrados. Mi sorpresa fue, pues, enorme, cuando le vi tropezar y caer como una piedra.

Todos se precipitaron a ayudar al cabo, que quedó tendido en el suelo, completamente inmóvil. Al caer había tirado un frasco lleno de betún. En el suelo, con la cara manchada de negro y de sangre, ofrecía un espectáculo sobrecogedor.

Los escribientes perdieron la cabeza. Esta vez se habían convencido de los efectos de magnetismo. Pálidos como los muertos, unos se quedaron petrificados y los otros querían ir a buscar al médico mayor. Por suerte, el furriel los retuvo, y, ayudándome a levantar al herido, hizo que le airearan y le trajeran agua. Lavaron la cara del cabo, que todavía estaba inconsciente. Sangraba por la nariz, pero la herida no tenía ninguna importancia. De todas maneras, a pesar del agua fría y de los cuidados de rigor, el desmayo persistía. Por otra parte, la expresión del sujeto lo confirmaba: era la de la más perfecta indiferencia, y yo le hubiera dejado dormir sin que ninguno de los asistentes se inquietase. Pero le desperté con unos enérgicos pases transversales.

El cabo abrió entonces los ojos y dijo, tras resoplar fuertemente: «¿quién me ha golpeado la nariz?»

El susto general nos impidió reírnos de esta inesperada pregunta. Le contaron lo que había pasado, pero la víctima del accidente no quería ver más que un «cuento chino» en todo aquello. —«No vale la pena —dijo— que intenten hacérmelo creer. Sé perfectamente que no he tenido más que un desmayo momentáneo, que he abierto los ojos justo después de haberlos cerrado». Lo que más le costó explicarse fue por qué no estaba sentado en la misma posición en el banco.

Cuando tuvo que reconocer lo que había ocurrido, me convertí para él en un objeto terrorífico. Ya no iba a pedirle una nueva experiencia. A sus ojos yo era un enviado del infierno, y me hubiera visto quemar como brujo con gran placer.

La lección de este acontecimiento es que nunca se debe actuar para que los demás lo vean. Cuando lo que hay que hacer es curar a alguien, no hay que hacer otra cosa. La publicidad no es asunto del terapeuta. No debe importarle que se crea o no en el magnetismo. Que no piense más que en el bien del enfermo, sin intentar «hacer sentir algo más». Tonterías como ésta pueden provocar accidentes, y de todas maneras son indignas de un operador que no debe actuar más que en calidad de intérprete y ministro de la naturaleza.

Capítulo VII

EL OTRO TIPO DE SUEÑO

Numerosas experiencias. — Sesión mundana. — Un abogado demasiado hablador. — Original manera de hacerle callar. — Dormido por sorpresa. — Posible papel de la sugestión.

El asunto del cabo hipnotizado causó sensación en el cuartel. Les complacía atribuirme temibles poderes. Muchos creían que con sólo quererlo podía tirar al suelo al primero que apareciera. Al negar todas estas suposiciones, no hacía más que parecer más sospechoso, incluso llegó un momento en que no se me acercaban por aprehensión. Pero, tanto por espíritu de contradición como por fanfarronería, vinieron gran cantidad de individuos a ofrecerse como sujetos de experimentación.

Obtenía con ellos una hipnotización de cada tres personas, pero no es una proporción de fiar, pues el hecho de estar fascinado por lo maravilloso denota ya una predisposición especial.

Por lo demás, los fenómenos producidos no eran de gran interés. Lo que yo buscaba era la lucidez sonámbula, pero no obtenía más que un estado de torpeza, con contracciones e insensibilidad.

Uno de mis amigos, hábil en el manejo de la sugestión, había tenido más suerte. Hipnotizada muy fácilmente a uno de sus artilleros y le hacía ejecutar las cosas más sorprendentes.

Esto nos dio ocasión de operar una noche en un salón, ante los invitados de un oficial.

Una serie de experimentos bien ejecutados pronto maravillaron a la asistencia. Un abogado del consejo de guerra se hizo partícipe del entusiasmo general. Pero su elocuencia era imparable, y tuvimos que pensar en cómo detener su ardor oratorio. No encontramos nada mejor que proponerle el ser hipnotizado.

El orador pretendía que no sería posible y quiso demostrarlo dejando actuar a mi amigo. Así tuvimos unos instantes de alivio; pero a pesar de los pases y las proyecciones de fluido el abogado se mantenía despierto. Para él fue un triunfo, que aprovechó para seguir con su discurso, redoblando la retórica. Y ahora, ¿cómo podíamos hacerle callar?

Para conseguirlo propuse, ya no no provocarle el sueño —esto acababa de ser reconocido como imposible— sino hacerle sentir uno de los efectos del magnetismo del que no se podía dudar, mientras él seguiría en pleno estado de conciencia.

Esta manera de entrar en materia presentaba una doble ventaja: tranquilizaba al abogado, a la vez que utilizaba su amor propio. Así, pues, se prestó a esta prueba con mucho gusto.

Haciendo el reconocimiento con las manos, según mi costumbre, hice algunos pases en la región del epigastrio. El pecho me atrajo especialmente: mis dedos se crispaban ligeramente en el trayecto de las vías respiratorias. A mis ojos eso era el indicio de una irritación.

Cuando oyó mi diagnóstico el incorregible orador se apresuró a confirmarlo disertando con énfasis sobre la bronquitis crónica que padecía desde hacía muchos años. ¡Era verdaderamente extraño que yo hubiese podido descubrir así su enfer-

medad, por un procedimiento de auscultación casi prodigioso!
Y su disertación cada vez era más elocuente. Ahora era ya muy
difícil obtener el silencio.

Pero había conseguido ya un objetivo: me había ganado la
confianza del enfermo. Mis pases le proporcionaban una sensación de bienestar a la que no podía más que abandonarse.

Lo hizo tan bien que le fue invadiendo una somnolencia
poco a poco. Finalmente perdió su locuacidad y ya no se oye-
ron más que sus ronquidos ritmados.

Esta música fue calurosamente aplaudida. Pero nuestro
excelente hombre colmó la alegría general cuando, al despertarse, pretendía que no había dormido.

Como en el caso citado en el capítulo anterior, se trata de
un sueño artificial.

Pero en el primer caso la acción había sido concentrada directamente en el cerebro: el resultado era un sueño instantáneo,
profundo y con todas las características de una enfermedad. En
el segundo caso, la manera de operar había dado como resultado un sueño gradual, insensiblemente gradual: como cuando
nos dormimos normalmente. No era una violenta crisis, resultado de una congestión nerviosa momentánea, sino más bien
una laxitud reparadora, una fase de reposo puramente fisiológica.

Se considera que estas dos clases de sueño son contrarias la
una de la otra. La primera no puede ser más que nociva para
la salud del sujeto, mientras que la segunda es esencialmente
saludable.

En el caso del abogado, debo hacerlo constar, yo no tenía
intención de efectuar más que una acción terapéutica. Siempre
he estado tentado de atribuir la hipnotización a los deseos de
los asistentes. Además, cuando he magnetizado en análogas
condiciones, sin tener la intención de hacer dormir a nadie, he
visto a gente caer en estado hipnótico porque estaba operando

ante personas que tenían deseos de presenciar este tipo de fenómenos (1). La voluntad del operador no es la única a tener en cuenta ni la única que actúa sobre un sujeto sensible. Esto explica el fracaso de experiencias delicadas, cuando me he esforzado en realizarlas ante un público con malas intenciones.

Por fin me pregunté si la voluntad de mi amigo no había creado, alrededor de su rebelde paciente, una especie de ambiente somnífero. Mientras el abogado opuso resistencia nada ocurrió. Pero cuando yo le tranquilicé y él se dejó tratar, se abrieron las puertas al sueño que le asediaba.

(1) Me ocurrió una vez, en particular, el hacer caer en un sueño profundo, y por mi parte inesperado, a un modelo que posaba en el taller de un pintor. Al magnetizar, no pensaba más que en una intervención puramente curativa; pero las personas que me rodeaban estaban sobreexcitadas por la espera de un espectáculo extraordinario. Es a su acción inconsciente a lo que atribuyo la crisis hipnótica que se declaró súbitamente. En estos casos se establece un encadenamiento de voluntades y deseos. Esta intervención psíquica colectiva puede favorecer o entorpecer los fenómenos. Nos da la clave de muchos hechos juzgados de maravillosos, y en particular de la mayoría de los que se producen en las reuniones de espiritistas. Por mi parte, cada vez que me he encontrado delante de un sujeto, generalmente me ha costado mucho dormirlo, y he tenido numerosos fracasos; en presencia de un público curioso, en cambio, casi siempre he tenido éxito.

Capítulo VIII

PELIGROS DEL HIPNOTISMO

Un paciente difícil. — La acumulación de fuerzas físicas. — Sus efectos. — Una funesta crisis. — Regla de prudencia. — Responsabilidad.

No se puede nunca jugar con fuerzas que no se conocen; lo que a primera vista parece inocente puede convertirse en trágico. Júzguenlo por la siguiente historia:

Delante del cuartel había un pequeño bazar de artículos militares. Allí se podía comprar desde betún para las polainas hasta papel de carta adornado con flameantes corazones y otros llamativos dibujos. El establecimiento contaba también con una especie de colmado y con una bodega. Lo llevaban una mujer jorobada y su marido, que se encargaba más especialmente de servir las bebidas; estaba siempre de muy buen humor y le llamaban «el jorobado», para no llamarle «el marido de la jorobada». No hace falta decir que su profesión le impedía ser el modelo de la sobriedad.

Se podían esperar de él las inconveniencias más familiares. Así no me sorprendió en absoluto un día, al abordarlo, el ser interpelado en estos términos: «¡Ah, usted es el que duerme a la gente!... Pues a mí me gustaría que lo probara conmigo. Pero tengo los nervios muy sólidos y estoy seguro de que no lo conseguiría».

Como lo que yo pretendía no era, ni mucho menos, dormir a cualquiera, y menos la primera vez que lo veía, no acepté el desafío; pero me comprometí a satisfacer la curiosidad de mi interlocutor.

Me tomó la palabra rápidamente, pues yo debía marcharme de la guarnición por algunos meses, y salía a la mañana siguiente. Me hizo pasar a la trastienda y allí utilicé en vano todos mis recursos para provocar el sueño. El «jorobado» decía no sentir nada. Lo decía en un tono de fanfarronada que debería haberme hecho dudar. Pero lo único que yo hacía era «cargarle» de toda la energía que podía, y, al no dar resultado, renuncié a la empresa.

Orgulloso de no haber podido ser vencido, el jorobado se puso a cantar victoria: «Ya se lo había dicho, soy duro de pelar. ¡Tengo tantos nervios como usted, ya lo sabía!» Luego quiso que las cosas quedaran bien y me ofreció un vaso del vino menos adulterado que tenía. Yo me marché al cuartel sin la menor desconfianza.

Cuando, después de mi larga ausencia volví a oír hablar del jorobado fue para enterarme de que había muerto. Había tenido una infección de pecho tres meses después de mi partida.

Pero una recepción poco graciosa me esperaba en el bazar de la jorobada. La primera vez que estuve en su presencia me miró con aire amenazador. Luego su cólera explotó: «¡Lo que le he maldecido desde la última vez que le vi!»

Yo me quedé extrañado por completo, sin poder entender en qué había podido ofender a la pobre mujer. Entonces ella siguió, en un tono menos agresivo: «¿Se acuerda del día en que intentó hipnotizar a mi marido?»

Yo me había olvidado completamente de este hecho, pero entonces me acordé de todo.

«Pues bien —siguió la jorobada— apenas había usted atravesado la calle cuando mi pobre marido cayó al suelo como fulminado. Me ayudaron a llevarlo a su cama, y allí se puso a divagar llenándome de insultos. Luego durmió durante tres horas. Cuando me desperté le reproché la manera en que me había tratado, pero él no se acordaba de nada. A partir de este momento ya nunca volvió a estar bien: se volvió loco, ya no razonaba y se libraba a increíbles extravagancias hasta el día en que lo perdí.

»Ya sé —añadió al ver mi aire aterrado— que usted no tenía ninguna mala intención. Pero les he llegado a odiar, a usted y a sus brujerías, y en toda mi vida no le podré perdonar.»

Pasé muy mala noche a raíz de esta inesperada revelación. sabía de fuentes fidedignas que el jorobado había muerto de tuberculosis. Me reprochaba terriblemente mi imprudencia. *No se puede dejar a nadie sin relajar, incluso si aparentemete no se ha producido nada* (1). Era imperdonable haber faltado a esta regla.

Pero gran parte de la culpa recaía sobre la víctima. El jorobado me había engañado intencionadamente. Yo le había recomendado prestarse a la experiencia con fuena fe, o sea, permanecer *pasivo* y no oponer ninguna resistencia. Y es evidente que por tozudez había resistido secretamente y con todas sus fuerzas a mi influencia.

_____

(1) Los efectos de una acción psíquica no son instantáneos más que algunas veces. En el magnetismo curativo no se obtienen normalmente resultados imediatos, pero se provoca, ya sea una mejora gradual e insensible, ya sea un proceso súbito, pero que no ocurre más que a su hora. Es preciso relajar al paciente al final de cada sesión cuando se hace hipnotismo, pero esta práctica no tiene razón de ser tras una acción puramente curativa.

A su alrededor se había acumulado electricidad nerviosa a la más alta tensión. No se produjo nada mientras el sujeto estuvo *activo;* pero desde que cesó de crear lo que tendía a invadirlo fue repentinamente poseído. En el preciso momento en que el jorobado, viéndome partir, creyó no tener nada que temer ya de mí, se declaró una crisis hipnótica producida por los efectos desplegados, tanto por mi parte como por la suya. La invasión, en casos como éste, espera el primer instante de pasividad y luego se manifiesta con energía fulminante.

Un golpe tan violento no podía ser más que maligno para un ser que ya estaba desequilibrado. Había resultado de ello una conmoción cerebral, ya complicada por el alcohol, pero que no tenía nada que ver con las causas que le produjeron la muerte.

He creído que era mi deber citar este ejemplo como advertencia. Puede dar idea del horror de las experiencias frívolas. Por mi parte, tras haber sido acusado de homicidio por imprudencia, rompí definitivamente con las experiencias del hipnotismo. Desde entonces me han inspirado una profunda repugnancia. Por otra parte, son incompatibles con la práctica de la terapéutica. Es lo que desarrollaré en el siguiente capítulo.

Capítulo IX

HIPNOTISMO Y MAGNETISMO

Sueño saludable, sueño inofensivo y sueño nocivo. — La hipnosis. — Su carácter criminal y sus falsas apariencias. — La acción terapéutica. — La elección de un curandero.

El sueño provocado puede presentarse bajo tres aspectos especialmente diferentes.

Cuando sobreviene sin haber sido buscado, a consecuencia de una acción curativa, se traduce por un languidecimiento progresivo, con somnolencia más o menos profunda. Es, entonces, el efecto de una reacción equilibrante en el organismo. Es un sueño reparador y reconfortante, que no difiere del sueño normal más que en su mayor eficacia fisiológica. El enfermo debe abandonarse a él con toda confianza. Para él será una especie de *reposo activo,* muy favorable al restablecimiento de las funciones orgánicas afectadas.

Otro tipo de sueño totalmente diferente es el que obtiene el magnetista cuando duerme a un sujeto lúcido. Éste cae en un estado de embriaguez nerviosa que exalta sus facultades imaginativas. Entonces nos encontramos en presencia de un ser que goza de la más perfecta sensibilidad y que es apto, por este mismo hecho para percibir lo que normalmente escapa a nuestro conocimiento. Este tipo de sueño no tiene nada de perjudicial para la salud, sobre todo si se tiene cuidado de no

provocarlo demasiado a menudo y de que su duración no sea
demasiado larga.

No tiene nada que ver con la *hipnosis,* que es provocada
paralizando una serie de centros nerviosos. Es un tipo de sueño
claramente nocivo, que tiende a deteriorar las facultades mentales de seres ya afectados por alguna tara cerebral (1).

En nuestros días se estima que más que los pintores o los
poetas, pueden intentarlo todo los inquisidores de la ciencia.
Los expertos pueden, pues, utilizar el magnetismo como un
instrumento de vivisección humana: se les debe dejar la responsabilidad. Pero un hombre con corazón no verá nunca en
la hoja del bisturí ni en los secretos del braidismo más que
instrumentos peligrosos, a relegar en el arsenal de lo que antes
se llamaba Magia Negra.

Cualquier práctica malintencionada se vuelve contra su
autor. Es así como la hipnosis, al afectar al sujeto, no se abs-
tiene de atacar al mismo operador en su inteligencia y buen
sentido. Grandes sabios se han vuelto locos en contacto con
naturalezas flotantes, en las que buscaban perversas astucias. Se
les ha visto edificar elaborados sistemas bajo las engañosas indicaciones de individuos absolutamente equivocados. Todo se
vuelve fácil en un terreno en que las más traidoras trampas son
tendidas continuamente por la sugestión mental y la ideo-
plastia (2).

(1) Se trata aquí del «gran hipnotismo», de la Escuela de Salpêtrière.
En Nancy, el doctor Liébeault procedió siempre con suavidad. Sus métodos de psicocirugía son aplicados en París por el Instituto Psico-Fisio-
lógico, fundado por el doctor Edgar Bérillon.

(2) Deberemos desconfiar de los sujetos hipnóticos, sobre todo
de aquellos que nos parezca haber convertido totalmente en nuestros
objetos. Cuanto más poder tiene sobre una persona, más nos tiene bajo
su influencia oculta. Los que abusan de su ascendiente son fatalmente
castigados, en razón de una ley de equilibrio y de reversibilidad que
representa a la jsuticia por excelencia (Arcano VIII del Tarot, figura de
la página 000.)

Lo que precede debe hacer resaltar el abismo que separa al hipnotismo de la práctica de los terapeutas. Por un lado el operador no hace ningún esfuerzo, violenta la naturaleza para imponer su capricho personal, tiranizando a los demás y sin respetar el carácter sagrado de la personalidad humana. Por otro lado encontramos al hombre caritativo, que da una parte de su propia vida para ayudar a sus semejantes. No es su tarea la de mostrar su fuerza y sorprender a los demás con prodigios inesperados: el terapeuta es el fiel servidor, el humilde discípulo de la naturaleza. La obedece, con el fin de tomar de la fuente de vida la fuerza que salva, repara y cura. Es un sacerdote en el más alto sentido de la palabra: desempeña una respetable misión que impone deberes de pura piedad humanitaria.

Este incomparable curandero no se deshará nunca en elocuencias. Las elegancias mundanas no pulirán su rudeza de tono y de maneras, pero no podemos guiarnos por estas apariencias: ¡Qué importa que el envoltorio sea basto si contiene tesoros de bondad, riqueza de corazón y voluntad recta!

Los que sufrís, buscad vuestro médico entre los que poseen el poder efectivo de dar salud. Huid del reclamo y de la empresa industrial. Apartaos del curandero demasiado hábil y sabio. Buscad a los más modestos, a los que se ignoran a ellos mismos, a las almas infantiles pero fuertes. Entre ellas descubriréis a vuestro salvador, a vuestro hombre de Dios. Cuando le encontréis enseñadle a imponeros las manos: os curará así con más rapidez y seguridad que los doctores más orgullosos.

Capítulo X

UN CASO DE CURACIÓN

La pasión del magnetismo. — Un agonizante. — Llamada a la vida. — Sueño lúcido. — Crisis salvadoras.

Cuando uno se dedica de manera continuada a la práctica del magnetismo curativo, el cansancio termina por ser tan imperioso que existe la posibilidad de quedar inactivo. La costumbre actúa en esto como una segunda naturaleza: se crea una función fisiológica especial, que desde este momento requiere ser ejercida.

Pude constatar este hecho cuando dejé el regimiento. Mis nuevas ocupaciones no me dejaban ninguna libertad; tuve que dedicarme a un trabajo absorbente que al cabo de poco tiempo se convirtió en un suplicio. Fue entonces cuando, al extremo de mis fuerzas, tomé la resolución de librarme por completo a mi pasión por la psiquiatría.

Mis cuidados fueron requeridos en primer lugar por un caso desesperado. Una mujer joven, madre de cuatro hijos, estaba agotada por sus sucesivos embarazos y prolongadas lactancias en medio de las más duras privaciones. La alimentación insuficiente, el frío, el cansancio y la más negra miseria le habían provocado desarreglos nerviosos seguidos de vómitos de sangre. La pobre mujer estaba reducida al último grado de la astenia. Sólo le quedaba la suficiente fuerza para devolver lo que le intentaban hacer comer.

Cuando pidieron mi intervención, según la opinión de los médicos, la muerte era ya inminente. La enferma estaba en un permanente estado de coma que parecía no dejar entrever signos de vida más que en el pulmón derecho y en el corazón. Su respiración corta e irregular amenazaba con pararse de un momento a otro.

El espectáculo era terriblemente doloroso. Mi primer impulso fue el de retirarme, sin intentar nada; pero me pareció cruel abandonar a aquella mujer en su agonía. Creía imposible salvarla; pero quizá podría atenuar los horrores de la lucha suprema. ¿No es, pues, un acto de caridad ayudar a alguien a morir cuando le ha llegado la hora inevitable?

Decidido a desempeñar tan penosa función, dirigí tristemente las puntas de mis dedos hacia ese pecho a punto de exhalar el último suspiro.

Casi en seguida sentí establecerse una corriente, débil primero y de más intensidad después. Por parte de la moribunda se efectuaba una sustracción de fuerza. Yo me presté a ello pasivamente, pues no me podía arriesgar a ningún sobresalto, sino limitarme a seguir a la naturaleza con precaución extrema.

Tuve entonces la sorpresa de ver regularse el ritmo respiratorio. Emocionado, seguí los pases, atento todavía a no provocar ninguna brusquedad. El juego de los pulmones tomó más amplitud, y la expresión de su cara pareció relajarse y perder el aire doloroso.

Pero esto no fue todo. Tras una hora de magnetización la moribunda se animó. Abrió los ojos y me miró con aire vago, que en seguida se volvió interrogativo. Al mismo tiempo sus labios se movieron, como si intentara hablar. Al preguntarle respondió con débiles movimientos de cabeza. Hizo así comprender que mi acción le procuraba bienestar. Entonces me dijeron que había sufrido mucho del brazo derecho, antes de perder totalmente su uso. Dirigiendo inmediatamente mis pases a este miembro, le invité a que lo moviera. Yo no esperaba más que un pequeño desplazamiento, pero ella lo levantó sin ninguna dificultad.

La pobre mujer se emocionó tanto que la palabra le volvió a los labios. Tuvo la fuerza para decirme, con voz bastante clara: «Usted va a salvarme, lo estoy sintiendo. Dios le ha enviado para esto. No podía abandonarme: ¡Le he rogado tanto, para que no me dejara morir por mis hijos!»

Su emoción era tan grande que tuvimos que calmarla para que no gastara en palabras la fuerza que empezaba a recuperar. Las sesiones siguieron durante cinco días, y en alguna ocasión se alargaron hasta dos horas. Las mejoras conseguidas permitieron a la enferma dejar la cama momentáneamente para instalarse en un sillón. La debilidad seguía siendo excesiva, pero las funciones perdidas le iban volviendo sucesivamente.

Ahora las sesiones ya no tenían lugar más que cada dos días, luego se fueron espaciando. Pero tuve que esperar dieciocho meses para acabar con la enfermedad.

Estaba en presencia de un sujeto de una sensibilidad excepcional. La asimilación de las fuerzas era tan rápida que después de cada sesión la enferma creía que no tenía ya nada que temer. Así se dejaba llevar a imprudencias que comportaban recaídas.

La accesibilidad a la influencia del magnetismo se tradujo, en contrapartida, por una propensión irresistible al sueño. La paciente hacía primero esfuerzos para mantenerse despierta, pero finalmente, y por recomendación mía, se abandonó a lo que debía producirse. Una influencia invasora parecía hacerle perder progresivamente la personalidad consciente. El resultado era una angustia horrorosa, como si hubiera tenido que perderse totalmente y, de alguna manera, morir. Pero una vez tranquilizada al respecto la mujer cesó de asustarse y se acostumbró fácilmente a la sensación.

En su sueño la enferma proporcionaba datos sobre su estado. Parecía que no padecía ninguna lesión orgánica grave: todo su mal no provenía, según ella, más que de problemas funcionales. Los pulmones, en particular, no habían sido atacados, incluso podría decirse que estaban sanos, pero débiles y como paralizados. Habían perdido su elasticidad; y cuando la sangre, al fluir más fácilmente, circuló con generosidad, el peligro fue mayor. La enferma empezó a sufrir crisis congestivas, que según ella eran indispensables, pero que no podía soportar más que gracias al magnetismo.

Estos accesos siempre se anunciaban con antelación y yo podía, así, estar preparado para la hora precisa de su aparición. Entonces la enferma se sofocaba como cuando sus primeros vómitos de sangre; pero la imposición de las manos parecía suministrarle aire y el peligro era en seguida conjurado.

Se puede apreciar, por este ejemplo, el papel principal que la lucidez sonámbula puede desempeñar en el tratamiento de enfermedades. En este caso fue la salvación del paciente, que logró recuperar totalmente la salud, no sin haberme dado ocasión de iniciarme en la fisiología oculta del sistema nervioso.

Esta cura, tan brillante como inesperada, me dio una gran confianza en mí mismo y me hizo ver el magnetismo como una vocación. Durante cinco años me dediqué a él sin reservas. Estaba entonces en plena juventud, y mi entusiasmo no me permitió reposo ni miramientos. Más tarde, mi gusto por la práctica fue decayendo ante el interés creciente por las investigaciones teóricas, y creo que llegará el tiempo en que la teoría deberá recibir definitivamente la preferencia.

Capítulo XI

CRISIS MESMERIANAS Y SONAMBULISMO

Los efectos inesperados de la acción magnética. — Saber sufrir. — El sueño lúcido. — Revelaciones relativas a las enfermedades. — Las predicciones. — El éxtasis profético.

La medicina ordinaria aplica a veces remedios que agravan momentáneamente la salud del enfermo; le conmocionan y le conducen a la salud haciéndole atravesar una fase que sería alarmante si no estuviese prevista.

La aportación repentina de un exceso de vitalidad puede actuar de manera parecida y desencadenar en el organismo una dolorosa lucha. El sufrimiento es entonces un bien; hay que acatarlo con gusto para reducirlo al máximo. La indisciplina y la impaciencia no hacen más que impedir la revolución salvadora que necesita cumplirse.

Es difícil conservar la calma ante una aparente agravación de la enfermedad. Pero no hay nada que temer si es el magnetismo el que ha provocado el empeoramiento. La intensidad de las crisis es entonces proporcional a las fuerzas que han sido asimiladas: el enfermo se arriesga a padecer un desorden orgánico a fin de restablecer el orden perturbado. En su calidad de madre, la naturaleza evita las imprudencias. Si supiésemos distinguir mejor sus intenciones evitaríamos el complicar su labor, y aprenderíamos a diferenciar, entre nuestros desórdenes funcionales, los buenos y los malos para el equilibrio normal. A veces consideramos como una enfermedad lo que no es más que un esfuerzo del organismo para restablecer la salud. Una medicación ciega puede entonces intervenir de manera funesta.

¿Pero, cómo podemos adivinar el secreto de las operaciones de la naturaleza? ¿Cómo podremos saber con certeza la causa final de nuestras enfermedades?

No querría constituirme en abogado de la adivinación. Pero sería ingrato por mi parte el no dar testimonio de todo lo que he aprendido en la escuela de los sujetos lúcidos. He encontrado algunos que se remontaban al origen de las enfermedades y describían sus sucesivas fases con una lógica sorprendente. Al oírlos podía creerse que el mal absoluto no existía: cualquier estado lamentable tendría su razón de ser y no ocurriría más que en nuestro beneficio. Sería el optimismo constituido en teoría médica: la naturaleza sería bienhechora y el sufrimiento no sería más que la consecuencia de los errores del hombre.

Los enfermos que me suministraron estas revelaciones eran extraordinariamente lúcidos en lo referente a sí mismos. Describían el interior de sus cuerpos como si hicieran su propia autopsia. Las prescripciones acerca de los cuidados a seguir y el régimen a adoptar se mostraron siempre muy juiciosas. En cuanto a los remedios, se trataba siempre de plantas. A menudo los pacientes, que ignoraban por completo la botánica, empezaban por citar el lugar de procedencia de la planta, que en seguida se prestaban a describir; luego buscaban el nombre, y en esto consistía la gran dificultad. A veces me deletreaban penosamente un nombre en latín y yo tenía la sorpresa de encontrarlo en el diccionario, como designación de la planta descrita, y sus propiedades medicinales concordaban con el caso a tratar.

Esta clarividencia, tan notable cuando se trataba del sujeto en cuestión, perdía infalibilidad cuando la consulta se refería a otra persona. Por otra parte, es en el tratamiento de las enfermedades donde la lucidez del sueño se aplica con el mayor éxito.

Las tres especialidades de las videntes profesionales aportan frecuentes errores. Algunas de estas adivinas son excelentes en sus búsquedas y pueden encontrar los objetos perdidos. Su inconveniente está muchas veces en los tesoros ocultos que la imaginación les muestra. Es mejor no emprender investigaciones bajo sus indicaciones, las cuales son sugeridas por nuestra propia imaginación.

Los sujetos sensibles sufren, en efecto, la repercusión de las ideas que uno lleva consigo mismo. Esto explica algunas predicciones en que los elementos proceden del ambiente mental del consultante. No son, entonces, las ideas que uno mismo se ha formado las que impresionan más vivamente al sujeto; son, al contrario, los recuerdos, difusos, pero de los cuales tenemos motivo para acordarnos. El adivino percibe preferentemente nuestras más vagas ideas, las que se manifiestan por intuiciones o presentimientos. Las predicciones se fundan, pues, sobre datos parecidos.

Pero no todas carecen de valor. Cuando se hace abstracción de las fantasías forjadas por la imaginación de los sonámbulos, se encuentran dos tipos de predicciones. Unas se basan en propósitos sacados de las intenciones del consultante, o de proyectos que otras personas pueden formar al respecto. Estas son las más frecuentes; la mayoría de las veces sólo se realizan en parte. Las otras predicciones son de un orden completamente diferente. No se obtienen a voluntad, a consecuencia de las preguntas que se formulan a un sujeto mientras duerme. En estos casos todo es espontáneo; el vidente tiene, de pronto, una visión que aparentemente no ha sido provocada por nada.

Habla de cosas que nadie le ha pedido, y describe a veces con todo detalle una escena que se producirá a largo plazo.

Estas eclosiones proféticas son raras. Pero no por esto dejan de ser problemáticas. Parece ser que una inteligencia cuya energía está toda concentrada en un solo punto, actúa como una especie de telescopio psíquico. Todo está relacionado: el futuro está contenido en el pasado, y no es más que el desarrollo lógico de éste. Por otra parte, la duración no es más que un fenómeno subjetivo: la sucesión que constatamos no es más que la realidad de nuestros órganos, pues desde el punto de vista de lo absoluto, todo tiene que ser simultáneo.

El carácter trascendental de las visiones que aquí se han tratado no tiene nada que ver con las pitonisas que desvelan el futuro mediante una honesta retribución. Una de estas adivinas había pronosticado que sería viuda antes de fin de año. Al preguntársele más tarde por esta predicción, que no se había cumplido, la vidente no se incomodó. «No ha muerto, es verdad, pero me trajeron a mi marido, dos veces seguidas, en un tal estado (borracho perdido), que era casi eso.» Es matemático: una doble «medio muerte» equivale a una muerte entera. El oráculo estaba justificado.

Capítulo XII

UN CASO DE HIDROFOBIA

La rabia y el hipnotismo. — Una experiencia de laboratorio. — Acorralado. — Una mujer con una mordedura. — Síntomas de la rabia. — Veredicto de la Facultad. — Tratamiento mesmeriano. — Crisis. — Curación radical.

En una época en que Charcot y Pasteur eran los héroes del moento, el doctor Pinel emprendió la búsqueda del tratamiento de la rabia por el hipnotismo. Tras haber cnostatado que el virus rábico actúa como veneno cerebral, propuso hipnotizar a las personas mordidas.

El nieto del célebre psiquiatra del hospital de Salpêtrière (1) fue más lejos. Supuso una experiencia, que expuso dramáticamente ante el habitual auditorio de sus conferencias de divulgación.

Se durmió a un sujeto según el método habitual (sobre el cual se extendía con complacencia el conferenciante). Se le sugirió que había sido mordido por un perro rabioso. Entonces aparecieron sucesivamente los síntomas del terrible mal. Cuando la espuma brotó de los labios convulsionados se recogió una cierta cantidad, para inyectar a un conejo. Más tarde el efecto de las primeras sugestiones se destruyó por otras dirigidas en sentido contrario. El sujeto volvió a su estado normal, aunque al despertarse no recordaba nada de lo ocurrido y no se resentía de ningún mal. No le ocurrió lo mismo al conejo; el pobre animal se volvió rabioso sin razón y murió, ante la sorpresa del auditorio.

El doctor Pinel había recitado esta pequeña fábula científica en un tono malicioso que no engañaba a nadie. Le gustaba amenizar así la sequedad de sus exposiciones. Se encontraba en la sala un reportero al acecho de un artículo sensacionalista. Fue, pues, una ocasión inmejorable para el escritorcillo, que dio a conocer a la prensa todo lo que acababa de oír. El público hizo caso de todo aquello y al cabo de poco al tan espiritual sabio se le pidió que tratara mediante el hipnotismo un caso de rabia característico.

Se trataba de una mujer, de 39 años, que el 8 de enero de 1887 fue mordida por un perro reconocido como rabioso. La mordedura había sido inmediatamente cauterizada con amoniaco. Esta precaución parecía quitarle todo peligro. Así, no se alarmó por una serie de pérdidas de control de que fue víctima; incluso cuando notó una grave presión en la garganta no quiso ver en ello más que un simple resfriado.

Pero entonces el agua se convirtió en la causa de inexplicables horrores. Empezó a sufrir horribles pesadillas: en ellas aparecían perros, monstruosos y amenazantes. Luego, estas alucinaciones le afectaron incluso estando despierta. Los desórdenes cerebrales se traducían en alternancias de exaltación y parálisis súbita de la memoria. Cosas que hacía tiempo había olvidado aparecían en su cabeza con extrema claridad, y al cabo de poco rato cualquier recuerdo parecía olvidársele para siempre. En otras ocasiones la hiperestesia le afectaba el sentido del oído: ruidos lejanos o insignificantes parecían estar a su lado y los percibía con toda claridad.

Llegadas las cosas a este punto ya no era posible que sufriera más, al menos según la opinión de la gente de su alrededor, que le aconsejaron que fuera a visitar al doctor Pasteur. Pero no se atrevían a insistir demasiado, para no herir la sensibilidad de la enferma, que no aceptaba a darse cuenta de la gravedad de su estado. Además, las inoculaciones le repugnaban en gran manera. El método era objeto de una gran controversia, y la enferma se oponía invenciblemente.

En estas condiciones el tratamiento hipnótico del doctor Pinel apareció como una verdadera tabla de salvación. No se planteaba ninguna objeción, ya que la enferma hacía mucho tiempo que conocía el magnetismo e incluso practicaba la adivinación en calidad de sujeto lúcido.

Así pues, no vacilaron en escribir al doctor Pinel. Pero éste, pooc satisfecho con el escándalo levantado por su poco prudente conferencia, sometió a la enferma a un minucioso examen.

Según la medicina oficial ya no había nada por hacer. Las inoculaciones ya no podían serle prescritas: se había dejado pasar demasiado tiempo. Aparte de esto, en el estado de ánimo de la paciente no hubieran sido más que un inconveniente. Era mejor acudir al hipnotismo. Quizás el desenlace fatal podría ser retrasado por sugestiones tranquilizantes. Y, ¿quién sabe? Tenía que confiar en lo imprevisto, en una de esas reacciones del sistema nervioso que desmienten cualquier previsión. «En fin —me decía a modo de conclusión el doctor Pinel— ¡adelante! Haga lo que pueda, tiene carta blanca: para mí esta pobre mujer está terminada.»

Libre así de intervenir según mis procedimientos, empecé, a partir del 22 de marzo de 1887, una serie de *magnetizaciones*.

He subrayado la palabra, pues dejando por imposibles los procedimientos del hipnotismo y en particular de la sugestión, no hice, durante todo el tratamiento, más que transmitir a la enferma mi propia fuerza nerviosa.

Es cierto que se dormía al principio de cada sesión. Pero

yo no la incitaba en absoluto, al menos conscientemente: era
la consecuencia de una costumbre.

Respecto a su lucidez, tuve en seguida una prueba de ello.
Apenas había terminado de dormirla, la sibila empezó a hablar-
me del doctor Pinel: «Él no me ha dicho lo que realmente
piensa. Ha querido tranquilizarme diciéndome que no estoy
afectada por la verdadera rabia y que estoy fuera de peligro.
En realidad cree que estoy perdida. Si le ha encargado que me
cuide es porque no cree en ningún remedio. No cree en la eficacia de su tratamiento, así que se verá muy sorprendido cuando sepa que usted me ha curado. Porque usted va a curarme,
lo veo claramente, y no tardará demasiado».

Esta predicción iba a realizarse plenamente. Las cosas tomaron en seguida un aire mucho más tranquilizador: la garganta se despejó y los problemas cerebrales se atenuaron.

Pero estas mejoras necesitaron de una dura lucha. El magnetismo provocaba violentas crisis que a veces estallaban en
el mismo curso de una sesión. La enferma, temblorosa y con los
ojos desorbitados, no cesaba de castañetear los dientes. Entonces
sentía la necesidad de morder a alguien, y si la razón no la
hubiese detenido, se hubiera echado encima de mí.

Estos ataques, que revolucionaban todo su organismo, se
anunciaban con antelación. El resultado de los mismos era una
serie de modificaciones salvadoras que el sujeto indicaba justo
después en su sueño.

Una última recaída, más violenta que las anteriores, se
produjo entre la decimotercera y la decimocuarta sesión. Le
siguió una ardiente fiebre, acompañada de una sed tan intolera-
ble que la enferma tuvo que buscar todos los líquidos que tenía
a mano para apagarla. Pudo beber sin ninguna dificultad, y se
vio así privada de la contracción nerviosa de la garganta que
le impedía el paso de las bebidas.

Los horrores del agua estaban superados; a la mañana siguiente la paciente estaba curada. Para mayor seguridad, las sesiones se mantuvieron, a intervalos cada vez más espaciados, durante casi dos años.

No hubo ninguna recaída. La salud general se benefició del magnetismo de manera que esta mujer no ha estado nunca mejor que después de la mordedura.*

---

* Véase anexo III.

Capítulo XIII

LOS MILAGROS

La excepción y la regla. — Una curación repentina. — La sugestión médica. — Sensaciones provocadas por el magnetismo.

El magnetismo no siempre conduce a resultados brillantes e instantáneos. No se encuentran más que raramente enfermos con una sensibilidad fuera de lo corriente; pero las curas extraordinarias son las que nos extrañan más y nos inclinamos a citarlas primero.

Esto tiene ciertos inconvenientes, pues los enfermos esperan los mismos prodigios y sufren grandes decepciones cuando constatan que las cosas siguen su curso normal.

Así, no hay que atribuirle al agente magnético un carácter milagroso. La fuerza nerviosa que se transmite de un organismo a otro la mayoría de las veces no da lugar más que a efectos insensibles, graduales y bastante lentos. Las curaciones repentinas son raras. No depende del operador el provocarlas a su gusto. A veces él mismo tiene menos parte que el sujeto; pues todo depende de una serie de factores que favorecen el proceso curativo.

Es así como tuve la suerte de sacar de una grave trance

a uno de nuestros más apreciados pintores por la delicadeza de sus obras.

Sufría una gastralgia desde hacía más de siete años, desde la campaña de 1870. Todos los tratamientos habían fracasado. El estómago había llegado a rechazar cualquier tipo de comida. No soportaba la leche más que a duras penas. Por la noche horrorosas contracciones le obligaban a morder las sábanas para no gritar.

Un amigo que había comprobado los efectos del magnetismo se lo recomendó al pintor. Pero el enfermo no tenía ninguna confianza en este misterioso agente. Al final, empero, tuvo que rendirse a las instancias que cada vez eran más urgentes. Dispuesto a no dejarse morir, «como vulgarmente se dice», el artista, que me conocía, consintió en hacer la prueba de mi tratamiento.

La primera sesión la pasamos casi toda conversando; pero mientras charlábamos yo mantenía los dedos hacia el estómago enfermo. El pintor había iniciado una disertación sobre la estética y apenas se daba cuenta de mi actitud. Al preguntarle si sentía algo, juzgó la pregunta singularmente presuntuosa. ¿Cómo podía yo tener la pretensión de obtener lo que fuera con semejante procedimiento?

Al día siguiente la conversación se sucedió en las mismas condiciones. Esta vez el pintor sintió en la región epigástrica un ligera presión que ya había experimentado la noche anterior, atribuyéndola a una casualidad.

Al tercer día supe que la noche había transcurrido más tranquilamente. ¿Era realmente una coincidencia? Durante la sesión esta misma inquietud nerviosa apareció más marcada. La noche siguiente fue excelente.

A partir de entonces todo fue bien: el sueño se tranquilizó, las contracciones desaparecieron y las funciones suspendidas volvieron a la normalidad. El régimen se fue ampliando progresivamente, de manera que hoy el artista puede hacer honor al magnetismo incluso en los festines de gala.

Repito que esta cura no es de las que se obtienen normalmente. Luego he tratado otros casos de gastralgias mucho más graves, pero con mucho menos éxito. Y en estos casos operaba en condiciones evidentemente favorables: los enfermos llegaban maravillados y llenos de fe en mi poder curativo.

Quizá hubiera debido utilizar su estado de espíritu para sugestionarlos con autoridad, pero nunca he querido hacer promesas infundadas. Temo a las esperanzas excesivas, pues al menor pretexto pueden volver a la desilusión.

Creo que las curas obtenidas por persuasión no ofrecen más que falsas garantías. Evidentemente muchos enfermos se han curado porque se les ha hecho creer que iban a recobrar la salud. Pero el verdadero terapeuta deja estos subterfugios del arte médico a ciertos pontífices cuyo éxito viene de su conocida fama.

Si se aspira a ser un agente de curación realmente activo, lo mejor es no prometer nada por adelantado. Lo que importa es ganar la confianza de los enfermos y el mejor método para conseguirlo es mostrarse digno de ello. En consecuencia, se impone una sabia reserva, hasta el momento en que se muestran los efectos que permiten pronunciarse con toda seguridad.

En cuanto a las sensaciones extraordinarias que a veces sufren los enfermos, en general no son más que temblores insignificantes, o ligeros hormigueos en los miembros, sobre todo en las extremidades. Pero a veces no se produce ninguna sensación y la acción magnética no deja de ser igual de eficaz. La mayoría de las veces los enfermos experimentan vagas sensaciones, difíciles de definir. Lo que sienten más claramente es la impresión de estar bajo una relajación general de los nervios y la sensación de caer en una calma llena de bienestar. Si sobreviene la somnolencia, ésta conduce a un sueño normal,

esencialmente tonificante y reparador. En estas circunstancias,
la lucidez sonámbula es un fenómeno muy raro.

Pero algunos efectos curiosos son consecuencia de la práctica ordinaria del magnetismo curativo. Así, la mano, aplicada
por encima de mantas o prendas gruesas produce, a veces, un
calor intenso y penetrante. Los enfermos se creen entonces en
contacto con una fuente calorífica. Otras veces, aunque esto
es menos frecuente, el sujeto se siente helado, incluso por pases
a distancia. En los dos casos la mano del operador se mantiene
a temperatura normal.

Aparte de estas particularidades, la imposición de las manos
y los pases magnéticos no manifiestan su acción más que por
una insensible vuelta a la salud. El enfermo tiene mejor aspecto y soporta mejor los dolores, que van atenuándose a medida
que vuelven las fuerzas.

Capítulo XIV

LA FE

Un enfermo poco sugestionable. — Escépticos y creyentes. — Los remedios tóxicos. — Las enfermedades nerviosas. — El protoplasma. — Las heridas. — El magnetismo puede detener una hemorragia. — Éxito en un parto. — In extremis.

Si el magnetismo sólo actuase por sugestión no tendría efecto en los niños pequeños ni, todavía menos, en los animales. Sin embargo, son estos seres pasivos los que se benefician más de su acción. Nada es más demostrativo al respecto que el caso de un lebrel egipcio que me pidieron que magnetizara.

El pobre perro estaba a punto de sucumbir al moquillo. La situación era inquietante. Los problemas bulbares amenazaban: el corazón latía con violencia, y la respiración era cada vez más entrecortada. El veterinario no respondía de nada y se contentaba con decir que el neumogástrico estaba perdido.

Al ver al perro temblar bajo las mantas empecé a acariciarle la cabeza y a aplicarle la mano en la nuca. En seguida dio señales de satisfacción moviendo la cabeza a la vez que yo movía mis dedos. El ritmo respiratorio pareció regularse en seguida; luego, abrió los ojos, me dirigió una mirada aturdida y se durmió con calma.

Al cabo de unos minutos tuvimos la sorpresa de verlo hacer esfuerzos para levantarse sobre sus patas. Consiguió, con dificultad ponerse de pie, avanzó algunos pasos tambaleándose y se sacudió, como para recuperar por completo sus sentidos. Tuvimos entonces la idea de darle un poco de leche, que lamió sin dificultad.

A la mañana siguiente una nueva sesión terminó de curarlo.

Este perro siempre ha reconocido el favor que le hice. Normalmente ladra con genio a los visitantes; pero cuando me ve salta de alegría, lo cual es conmovedor, teniendo en cuenta lo olvidadizos que son los seres racionales cuando se hace algo por ellos.

Por este ejemplo podemos ver que el magnetismo no exige que se esté convencido de antemano de sus efectos. Para beneficiarse de sus efectos salvadores es conveniente, sobre todo, ser *neutro.*

A pesar de las disposiciones morales más favorables, el éxito no está siempre asegurado. Entusiastas creyentes pueden seguir enfermos, mientras que he visto a incrédulos curarse, por decirlo de alguna manera, a pesar suyo.

Lo que ocurre es que a menudo el obstáculo es material. Sin hablar de las enfermedades incurables, tanto por el magnetismo como por cualquier otro sistema, a veces se choca con envenenamientos del sistema nervioso, producidos por saturaciones de productos farmacéuticos. Cuando el organismo ha sido víctima de los más variados agentes químicos, harían falta verdaderos milagros para triunfar sobre males inextricables.

Pero nunca se debe desesperar. La misericordiosa naturaleza remedia a la larga los desórdenes más profundos. Repara nuestros propios errores, reanimando una por una las células entumecidas por los estupefacientes. El magnetismo termina entonces por actuar útilmente, pero su tarea es ingrata. Así pues no podemos mostrarnos exigentes, sobre todo cuando hemos servido de campo de batalla a los principales y más pérfidos principios desorganizadores.

Si los magnetistas trabajaran siempre con sistemas nerviosos indemnes, sus intervenciones serían muy raramente infructuosas. Es sobre tood en el principio de las enfermedades cuando se actúa con eficacia. Cada familia debería contar, pues, con una persona vigorosa y con buen corazón, que supiera, mediante el magnetismo, estar preparada para toda clase de complicaciones. Se ahorrarían así muchos sufrimientos, y la salud podría volver a ser el estado normal del hombre civilizado.

Pero el tratamiento magnético no se aplica tan sólo a las enfermedades puramente nerviosas. Evidentemente, las neurosis no son curables más que por el magnetismo pero la influencia de este método se ejerce sobre cualquier parte del organismo, y no sólo sobre los nervios. La vida reside en el protoplasma de las células, y es sobre esta sustancia sobre la que el magnetismo actúa *directamente*. Esto explica, por ejemplo, cómo pueden curarse cierta clase de tumores que no dependen de los nervios.

Si las células nerviosas son más impresionables es porque están constituidas, casi exclusivamente, por protoplasma. Esta impresionabilidad se manifiesta, sobre todo, en lo que concierne a los centros vaso-motores. Se actúa sobre ellos con gran facilidad, tanto para provocar un fenómeno de vaso-dilatación, como, al contrario, uno de vaso-contricción. Así he conseguido, en diversas ocasiones, detener una hemoragia cuando lo único lesionado eran los vasos capilares. También se podrían citar, a este respecto, las prácticas de los Aissaouahs (1) y de los magos orientales: sumergidos en un delirio artificial, se provocan

_____

(1) Danzan y se infligen cortes en el pecho, en la cara y en los brazos. Al final de la sesión, las hemorragias se detienen y las heridas cicatrizan a medida que el jefe va musitando ciertas plegarias.

horribles heridas de las que son instantáneamente curados.

Debe, pues, quedar claro, que las enfermedades físicas, las que se manifiestan por problemas circulatorios o por infartos al corazón, son las menos peligrosas. Pero los resultados más satisfactorios son los que se obtienen cuando se ayuda a la naturaleza en el cumplimiento de un trabajo fisiológico. En un parto, que en un principio tenía muy mal aspecto, vi como bajo los efectos del magnetismo un dolor continuo se iba haciendo intermitente. El resto transcurrió con toda normalidad, con gran sorpresa para la comadrona, que se había inquietado enormemente en el primer momento.

El magnetismo presta también un gran servicio en los casos desesperados. Tuberculosos llegados al último grado de su enfermedad se sentían renacer cuando recibían mis cuidados. Quizá no adquirían más que una efímera vitalidad, pero suficiente para alegrar sus últimos momentos y ayudarlos a no darse cuenta de su verdadero estado.

Capítulo XV

UNA OPERACIÓN QUIRÚRGICA EVITADA

La vida en peligro. — La renuncia de los sabios. — La prueba del magnetismo. — Indicios según las sensaciones del magnetismo. — Cura terminada por un aprendiz.

Para terminar con la serie de curas que considero útil relatar, me queda mostrar cómo el magnetismo puede intervenir en casos de extrema gravedad, y sin que el magnetista sea en absoluto un experto en su arte.

Una señorita, directora de una escuela pública de provincias, había aprovechado su estancia en París para consultar a una famosa doctora. Tras el examen, la especialista declaró como indispensable una urgente operación. Su vida estaba amenazada, no había que perder ni un minuto. La doctora recomendó a su alterada paciente que visitara en seguida a uno de nuestros más célebres cirujanos.

Éste confirmó el alarmante diagnóstico: había que efectuar una operación exploratoria al mismo día siguiente. Se sabría, entonces, lo que se debería emprender; pues él hablaba de extirpar el útero, o al menos practicar la ovarioctomía.

Esta operación preparatoria se ejecutaría en la clínica, como un favor, por el modico precio de 500 francos. En cuanto a la operación definitiva, si era necesaria, el príncipe de la ciencia condescendía a efectuarla por la irrisoria cantidad de 4.000 francos.

Estas cifras hicieron dudar a la pobre directora. A fin de decidirla la doctora le ofreció hospitalizarla hasta el día siguiente.

Pero la paciente no quiso exponerse a los riesgos de una operación sin haber antes arreglado una serie de asuntos. Tuvieron que dejarla volver a su domicilio temporal, en casa de un amigo mío, que al enterarse de la situación se apresuró a mandarme un telegrama.

Al llegar encontré a la enferma enormemente deprimida. Se creía perdida; había sido diagnosticada como muy grave, aunque sus sufrimientos no eran, ni mucho menos, intolerables. Pero, ¿cómo iba a poner en duda el veredicto del hombre más competente de Europa?

Para convencer a la enferma le hablamos de médicos con tanta falta de escrúpulos como para abrir barrigas sin otra necesidad que la de recibir exhorbitantes honorarios. Luego le aconsejamos que se tomase unos días de reposo absoluto, que aprovecharíamos para practicar el magnetismo, y, como no había ningún inconveniente para intentar una sesión entonces mismo, me puse manos a la obra.

Al aplicar mis manos sobre la pelvis sentí establecerse una corriente continua, sin sobresaltos, ni cambios bruscos de dirección. No parecía que ningún obstáculo lo interrumpiera. Era el flujo normal que pasaba de un organismo lleno de vitalidad a otro muy empobrecido. Y normalmente las cosas no son así cuando se trata de un desorden orgánico profundo. Un tumor o un cáncer se nota por una repercusión palpable, que no escapa nunca a un magnetista sensitivo. No se debía tratar más que de un problema funcional provocado por el desgaste de las inserciones de los músculos uterinos. Si se devolvía a las fibras de los ligamentos aflojados el poder de contraerse, era posible que el mal desapareciera.

Mis conjeturas no tardaron en ser confirmadas. La sesión produjo un excelente efecto: la fuerza, el valor, la animación y un favor, por el módico precio de 500 francos. En cuanto a la sistir y prohibirle la imprudencia de intentar reemprender sus actividades.

Como las circunstancias no me permitían a mí mismo seguir el tratamiento, decidí que fuera mi amigo quien lo hiciera. Su tarea era simple. Me había visto operar: imitando mi sistema y siguiendo una serie de indicaciones, su entusiasmo debía hacerle triunfar.

Las sesiones continuaron regularmente durante ocho días. La directora ya no sintió ninguna molestia por su enfermedad. Volvió a su puesto de trabajo, contenta por haber escapado al bisturí, salvando a la vez sus escasos ahorros. Se convirtió en una fervorosa adepta del magnetismo, pero dejó de ser entusiasta de los grandes maestros de la cirugía.

No sabría insistir lo suficiente en que se trata de una importante cura efectuada por un magnetista improvisado. El ejemplo puede seguirse: todos podemos imponer las manos y ofrecer así inestimables servicios. El magnetismo curativo debe vulgarizarse, pasar a formar parte de las costumbres. Los esfuerzos de los filántropos deberían dirigirse en este sentido.

Capítulo XVI

VOLUNTAD E IMAGINACIÓN

Los agentes psíquicos. — Su papel en el magnetismo. — Las disposiciones personales. — Exigencias variadas. — El poder del pensamiento.

Hasta aquí no he tratado más que los *efectos* de la acción magnética: ahora es el momento de buscar sus *causas productoras*. Pero, para no salirnos del terreno de la práctica, los siguientes capítulos no trataran más que de los procedimientos que debe emplear el magnetista para sacar el mayor partido posible a sus fuerzas.

Para empezar, conviene examinar cuáles son las fuerzas de que puede disponer la psicocirugía. Todas se concentran en una: *el pensamiento,* del cual la *voluntad* y la *imaginación* representan el doble aspecto activo y pasivo. Así pues, el terapeuta debe aprender a poner en práctica a la vez su voluntad y su imaginación.

Nunca se ha ocultado la importancia del papel que juega la voluntad en la práctica del magnetismo. La energía de un deseo incontenible siempre se ha mostrado como la fuente de todo poder taumatúrgico.

Incluso parece que se ha exagerado este aspecto, pues no nos hemos dado suficiente cuenta de la influencia que tiene la imaginación del operador. Cuando se trata de curar, la voluntad sola no basta, y es sobre todo la imaginación la que actúa sobre el organismo del enfermo.

Así, un magnetista puede tener diferentes aptitudes según domine en él la voluntad o la imaginación.

En el primer caso sus disposiciones lo llevan más a experimentar que a curar. Los temperamentos voluntarios vencen a las naturalezas débiles y gustan de mostrar su superioridad. Su brusquedad no es conveniente para el tratamiento de las enfermedades; pueden llegar a conmocionar a un enfermo, a despertar lo que duerme en él. No se les puede pedir una transmisión de vitalidad tranquila, progresiva y paciente. Si magnetizan para curar lo hacen mediante sesiones cortas y repetidas. Por otra parte, la perseverancia no es su fuerte; fulminan con una descarga instantánea y formidable de voluntad. Pero si no sobreviene una cura súbita, no suelen volver a la carga.

Ocurre totalmente lo contrario cuando el magnetista utiliza su imaginación. Ésta no tiene ninguna brusquedad en sus efectos; baña al enfermo en efluvios permanentes que le proporcionan un ambiente salvador. La influencia de la imaginación se establece así lentamente pero con tenacidad y seguridad.

Para accionar la imaginación no se debe, en absoluto, concentrar la voluntad; más bien se trata de librarse a una especie de abandono que conlleva al terapeuta a ceder parte de su vitalidad. El operador se sume en un sueño particular y olvida, mientras que su alma se exterioriza y se transmite a la otra persona.

Estas indicaciones deben ser suficientes para hacer comprender que el gran agente mágico resulta de la unión de la voluntad masculina y la imaginación femenina, principios antagonistas que representan las dos serpientes del caduceo hermético.

La voluntad y la imaginación no se encuentran en las mismas proporciones ni con idénticas calidades en los operadores.

Por lo tanto, no sabría establecer ninguna regla en lo que concierne a la manera de magnetizar. Cada individuo debe aprender a conocerse para desarrollar sus aptitudes individuales y sacar de ellas el mayor partido posible. Nunca se encontrará a dos magnetistas que operen de la misma manera y obtengan los mismos resultados.

Pero un mismo operador deberá saber variar su manera de actuar según los enfermos y las enfermedades.

Cuando las fuerzas de la economía no reclaman más que una mejor repartición no necesitaremos un gran desgaste personal: para restablecer la armonía bastará con estar, uno mismo, consecuentemente equilibrado.

En cambio, será necesario dar de la propia persona si es necesario aumentar la tensión vital. No se puede dar vida más que con la condición de extraerla de uno mismo.

Paradójicamente, no son las personas más fuertes las que se muestran más generosas en este aspecto. Las naturalezas exuberantes no son las que se revelan como las más ricas. Las personas débiles y delicadas, pero que están en buena posesión de ellas mismas, apaciguan a veces, como por arte de encantamiento, los problemas de las constituciones más fuertes.

Esto debe dar ánimos a todo el mundo para ponerse en disposición, pues nadie está desarmado para el bien. El poder magnético no es proporcional al vigor muscular. Sabed querer con tranquilidad, sin contracciones ni sobresaltos; tened la imaginación viva, ardiente, y dejaos llevar fuera de vosotros mismos para socorrer al prójimo; así vuestro poder oculto irá aumentando sin cesar. El secreto está en aprender a pensar, para utilizar el pensamiento como una fuerza comparable a la de la electricidad.

Capítulo XVII

LA PREPARACIÓN DEL OPERADOR

El entrenamiento psicoquirúrgico. — El dominio de uno mismo. — Las fuerzas nerviosas. — Su acumulación durante el reposo. — El sueño. — La orientación. — El cansancio mental. — El desinterés.

Cualquier persona puede magnetizar, a condición de tener buena salud. Pero hay personas mejor dotadas que otras desde el punto de vista de la acción a ejercer. Ciertas disposiciones naturales permiten obtener resultados más rápidos y fecundos. De todas maneras incluso las aptitudes más brillantes deben cultivarse. Sólo se será un buen magnetista tras haber seguido un entrenamiento que tiene como fin: 1.º, dar al operador el completo dominio de sí mismo; 2.º, enseñarle a utilizar las fuerzas difusas del ambiente para atraerlas y llevarlas al enfermo.

Para tener poder sobre los demás es evidente que se ha de estar en plena posesión de uno mismo. Cuanto más se dominan las fuerzas que se deben emplear más poder se tiene. La energía tranquila y controlada, pero susceptible de ser exaltada a voluntad es el secreto del poder psíquico.

Pero este poder de impulsión no es realmente eficaz más que con la condición de no ejercerse en el vacío. Un potente fuego no producirá nunca vapor si arde bajo una caldera sin agua. Así, una voluntad vehemente es impotente en el magnetismo si no se aplica a la propulsión de una especie de electricidad vital que se acumula alrededor del magnetista.

Esta acumulación se efectúa espontáneamente por efecto del reposo, y, más especialmente, durante el sueño. El magnetista, pues, obtiene su fuerza al dormir. El dormir es más necesario para él que alimentarse. Se puede magnetizar sin haber comido, pero el insomnio priva al operador de todos sus poderes.

La tradición nos enseña que el sueño se aprovecha mejor si se duerme con la cabeza hacia el este. Es verdad que esta orientación ejerce marcada influencia en un sistema nervioso sensible. Por mi parte, yo no puedo soportar la posición inversa. En alguna ocasión, yendo de viaje, al ignorar en qué sentido estaba acostado, me costó dormirme por culpa de una particular congestión del cerebro. Me ha bastado entonces rehacer la cama, poniendo la almohada a los pies, para poder dormir tranquilamente. Al verificarlo, he comprobado siempre que la posición adoptada era la que se parecía más a mi orientación habitual.

Este hecho, que excluye toda hipótesis de autosugestión, no tiene nada de extraño si se tiene en cuenta que la persona tendida con la cabeza hacia el este sigue el movimiento de rotación de la tierra, y se encuentra en movimiento, en el espacio a una velocidad vertiginosa, *con la cabeza hacia adelante*.

El sueño comporta la tranquilidad de espíritu. La inquietud y las preocupaciones mantienen una agitación mental agotadora. Una cierta apatía filosófica es indispensable para el hombre que quiere disponer de una gran reserva de energía nerviosa. El magnetista debe pues evitar las preocupaciones obsesivas. Tendrá una mayor acción cuanto más perfecta sea su paz interior.

La calma y la seguridad deben ser tan rigurosas que el magnetista se arriesga a quedar paralizado si se preocupa demasiado por la persona que recibe sus cuidados. Por esta razón no es demasiado bueno que tenga relación afectiva con el enfermo. El hijo no será el mejor magnetista para sus padres en peligro. Tampoco el marido intervendrá con el mayor éxito si debe curar a su mujer. Una persona indiferente puede ejercer una acción mucho más eficaz, porque no se obsesionará.

También es desaconsejable esperar con demasiadas ansias un resultado favorable. He visto numerosos magnetistas quejarse de no haber tenido éxito más que con los enfermos que trataban gratuitamente; fracasaban cuando se les prometían honorarios. En estos casos lo que les perdía era su exceso de conciencia, al disminuir su libertad de espíritu. El magnetista no debe preocuparse de nada, y actuar lo mejor posible. El resultado será lo que las circunstancias permitan que sea: el operador no es responsable más que de lo que dependa de él mismo. Así pues, se deberá magnetizar a pobres y a ricos con un mismo sentido de caridad, superando con resolución las cuestiones materiales.

Por otra parte, no se puede magnetizar más que por filantropía, por gusto o por pasión, nunca por espíritu de lucro. Un magnetista tiene derecho a vivir de su arte, pero debe hacerlo como un artista, no como un mercader de su poder. Sólo pensará en enriquecerse desde el punto de vista moral.

Capítulo XVIII

LOS EXCITANTES

Venenos para el sistema nervioso. — Inconvenientes de la alimentación animal. — El reposo preliminar sustituye a los estimulantes. — Sueño consciente. — Sus efectos. — La coagulación de los hermetistas.

En nuestros días existe la necesidad de darse tono artificialmente. Toda una gama de sustancias diversamente tóxicas ha entrado en el consumo habitual. Tras el alcohol y la absenta, se ha generalizado el uso del opio, del hachís y de la morfina.

mentación animal. — El reposo preliminar sustituye a los es cual impiden las reacciones normales. Un magnetista debe abstenerse de ellos totalmente. El vino, incluso, puede ser nocivo; también el café y el té, así como el caldo y la carne. En cuanto al tabaco, debe rechazarse totalmente, si se quiere conservar la sensibilidad.

Para no correr el riesgo de caer en el uso de los excitantes basta con seguir un régimen vegetariano. Es especialmente recomendable para aquellas personas que quieren dedicarse plenamente al magnetismo.

Los carnívoros son nervópatas. La carne de los animales contiene principios excitantes, cuya absorción provoca una especie de fiebre que impide querer con tranquilidad, y sobre todo, *imaginar* con la continuidad necesaria. La carne ejerce una acción embriagadora que impide al operador tener la neutralidad necesaria para magnetizar fructuosamente y sin fatiga.

En una época en que trabajaba sin descanso, podía dedicarme incansablemente al magnetismo si seguía un régimen estrictamente vegetal. Pero a la mínima modificación mi equilibrio nervioso se desmoronaba. Entonces dejaba de estar en condiciones de vibrar libremente, en concordancia con las fuerzas que debía asimilar, para transmitir a los demás.

Cuando se toma cuidado de no entorpecer las reacciones del sistema nervioso, el simple reposo sirve no sólo para reparar las fuerzas perdidas sino para suministrar fuerzas adicionales en vista de un esfuerzo extraordinario. Para cumplir un trabajo que requiera cierta tensión de espíritu, si en vez de utilizarse excitantes se tuviera el acierto de reposar convenientemente se estaría en condiciones de actuar con acierto en cualquier tarea.

Por mi parte, ha habido momentos en los que me he sentido incapaz de realizar cualquier trabajo intelectual o psíquico. Una invencible fatiga me impedía cualquier aplicación: me resultaba imposible fijarme en nada, aunque fuera en una simple lectura. Al intentar eliminarla empeoraba mi estado, y debía renunciar, abandonándome a la pasividad e intentando dormir. Pero el sueño era incompleto; caía en una modorra deliciosa que me quitaba la sensación de mi propio cuerpo. Mis miembros ya no estaban bajo la dependencia inmediata de la voluntad: para hacer un movimiento debía antes esforzarme para volver a mí mismo, pues estaba cmo separado de los lazos de la materia. Asimismo, la vida del sueño se me aparecía como la vida real; las escenas más encantadoras desfilaban ante mi vista interna. Todo lo que veía era idealmente hermoso: era un éxtasis continuo.

Pero, poco a poco estas visiones se iban borrando de mi

mente y entraba en el dominio de la sensación ordinaria. Me parecía entonces salir de un baño vitalizante, por lo claro, dispuesto, lleno de ardor, y rico en ideas que me encontraba, dispuesto a emprender el trabajo más fatigoso (1).

Mi experiencia personal me lleva, pues, a desaconsejar los estimulantes artificiales que no hacen más que agotar las reservas vitales del organismo. Es importante no utilizar estas provisiones dinámicas, que son un capital del que no debemos gastar más que los réditos. Para actuar con eficacia nunca deben contraerse deudas, sino ahorrar con anterioridad cuando debe hacerse un gasto extra.

Toda ruptura comporta una reacción compensadora. Un exceso provoca siempre otro exceso en sentido contrario. Tras un exceso de actividad se impone un descanso correspondiente; pero es conveniente recoger en la pasividad fuerzas complementarias, antes de dedicarse a un fatigante trabajo. Cuando se ha sabido *coagular* se tiene de qué *disolver;* pues la conocida fórmula «COAGULA, SOLVE» no alude más que a la condensación y a la dispersión de la fuerza universal. El magnetismo no puede *dar* más de lo que ha *recibido* con anterioridad. Así pues, el punto de artida de sus operaciones es llegar al estado de poder *recibir*.

(1) Quizás he abusado de este modo instantáneo de recuperar mis fuerzas. Un trabajo continuado no es aconsejable a nuestros órganos, sobre todo a los elementos extremadamente delicados del sistema nervioso. *El reposo es absolutamente necesario.* Esta exigencia hará difícil o peligroso el ejercicio profesional del magnetismo: si nos exigimos demasiado nos mataremos, y en el caso contrario más vale abstenerse. Ya que cada uno etá en condiciones de magnetizar, deberemos combinarnos el trabajo: es la única solución. Magnetizando una o dos veces al día no nos expondremos al menor peligro; pero cuando en el transcurso del día uno se preocupa seriamente por una decena de enfermos, y esto durante meses o años, el oficio se hace extenuante. Puede ocurrir que no lo notemos al princijio, pero llega el momento en el que es necesario pararse.

Capítulo XIX

LA TOMA DE CONTACTO

Aislamiento. — Encantamiento. — El entusiasmo. — La fuerza del alma. — La certeza de obtener siempre el éxito.

La manera de actuar no comporta una regla uniforme. Cada uno debe actuar según sus métodos individuales. Pero, cuando se está empezando, es difícil improvisar un método. Se empieza por adoptar alguno que proceda de otra persona y luego irlo modificando a la conveniencia de cada uno. Yo he llegado así a proceder de la siguiente manera:

Al abordar al enfermo miro primero que esté tendido o sentado cómodamente. Me instalo cerca de él de manera que pueda cogerle las manos con facilidad.

Casi todos los magnetistas entran así en materia; pero algunos creen necesario fascinar al enfermo pidiéndole que les mire fijamente a los ojos. Esta práctica es propia de los hipnotizadores, pero no se recomienda en absoluto cuando se trata de curar a alguien.

Yo prefiero no cansar en absoluto al enfermo, y en vez de fijarle una energía más o menos potente cierro los ojos para abandonarme a la más absoluta pasividad. Durante unos instantes padezco una especie de anonadamiento: olvido todo lo que no me rodea y no pienso en nada. Luego voy recobrando las ideas una por una. Las manos que siento entre las mías me recuerdan que debo magnetizar a alguien. El enfermo, que quiere tener confianza en mi intervención no debe quedar decepcionado; es indispensable que se cure. No puedo dejar que el magnetsmo se desacredite y, además, el pobre enfermo que tengo delante es digno de toda la compasión por mi parte... Entonces evoco todos los motivos que pueden exaltar el interés que tiene por el proceso.

Finalmente considero el sufrimiento como el resultado de un problema en la armonía universal. Pienso en el principio que proporciona al mundo la luz y la vida. ¿Acaso no actúo, en nombre de este soberano poder? ¿El hombre que desea el bien no es, pues, el agente de todas las energías que luchan contra el mal? El individuo no es nada por sí solo, pero puede disponer de una fuerza inmensa si consigue imantarse de las corrientes de la vida colectiva.

Dejándose llevar por la corriente de este tipo de pensamientos se llega a un grado de entusiasmo que favorece la exteriorización de uno mismo. Evidentemente, no es teniendo sangre fría como se puede socorrer al prójimo con toda el alma. En psicocirugía es necesario aprender a exaltarse mediante una especie de encantamiento, embriagándose con pensamientos que nacen de ellos mismos.

En algunas ocasiones el enfermo no tiene demasiado interés. No se le debe despreciar por ello, pues pertenece al cuerpo de la humanidad, cuyas mónadas componentes somos nosotros mismos. Participamos todos en la misma vida colectiva, y dar salud a los demás es curarse uno mismo.

Pero la idea de solidaridad no siempre conduce a que el operador consiga lo que se propone. Entonces puede recurrir a un artificio más sutil. Cuando magnetice a un indiferente se imaginará a una persona por la cual daría su vida si la necesitara. Entonces imaginará que es a *esta persona* a quien está curando...

El secreto está en convertir en energía curativa todas las potencias reunidas del pensamiento, la imaginación y la voluntad. Ninguna ocasión debe perderse cuando se trata de llegar a este fin.

Pero siempre será esencial no dejarse atacar por ninguna idea. El que debe tener fe es el operador, no el enfermo. Aquél nunca debe temer el encontrarse ante una imposibilidad.

Se puede intentar algo por encima de las propias fuerzas; pero ningún esfuerzo debe quedar sin ser utilizado. Nada se pierde en el reino de las fuerzas. Aunque la energía emitida no sea suficiente para lograr lo que se quería, no por eso será inútil. Esto queda comprobado con las sesiones de hipnotismo; cuando se está tratando de dormir a un sujeto rebelde, ocurre alguna vez que alguien de entre el público, de quien nadie se ocupaba, cae en un profundo sueño.

Esto debe tranquilizar al terapeuta y asegurarle que no hay por qué temer el resultado de sus esfuerzos. No está del todo en sus manos el obtener la totalidad de lo que desea; pero cuando se ha esforzado siempre consigue enriquecer la atmósfera con efluvios vitales que, ellos mismos, se dirigen a los más necesitados.

Esto es cierto sobre todo para el magnetista sensible, que no actúa por una decisión arbitraria de su voluntad, sino por la solicitud del enfermo. Éste, si es atrayente, transmite a los demás las fuerzas que él mismo no puede aprovechar. El psicocirujano que sabe entrar en armonía con la corriente de la vida general no corre el riesgo de actuar en vano.

Capítulo XX

LA AUSCULTACIÓN MAGNÉTICA

Exaltación psíquica. — Neutralidad del operador. — Atracciones espontáneas. — Los puntos débiles. — Índices proporcionados por la sensibilidad. — Sus ventajas.

Tras haber reunido las fuerzas para combatir el mal no debemos precipitarnos lanzándolas contra el enemigo. La acción debe ser conducida con discernimiento. Pero para esto basta con no precipitar los acontecimientos, dando tiempo al sistema nervioso para que se oriente.

Mi manera de proceder, pues, es la siguiente: mientras cojo las manos del enfermo empiezo a actuar sobre mí, no sobre él; llega entonces un momento en que mi energía psíquica tiene una tensión suficientemente alta. Lo advierto por sensaciones especiales: mi pelo parece quererse erizar, y una especie de escalofrío me recorre la columna vertebral. Este influjo llega en seguida a las extremidades, que se humedecen ligeramente. Entonces el movimiento se vuelve sobre sí mismo: mi pecho empieza a hincharse y mi respiración se vuelve irregular. Me siento invadido por un soplo misterioso: instintivamente me levanto y abro los ojos.

Abandono entonces una de las manos del enfermo y muevo delante suyo la mano que ha quedado libre. Pero toda mi atención está en *sentir,* según las teorías de Didier (ver capítulo III). Exploro así las distintas regiones del cuerpo (tórax, abdomen, miembros, etc.), mientras permanezco pasivo, o, más exactamente, *neutro,* pues aunque no actúo yo mismo (por mi voluntad) dejo actuar a mi sistema nervioso, y observo los puntos hacia los que mi acción se dirige espontáneamente. Cuando abordo una de estas regiones, la corriente que se establece contrae mis dedos, transformados por las circunstancias en varillas adivinadoras.

Los centros atractivos que así discierno no corresponden exactamente a los órganos enfermos, pero con las brechas en las que deberá concentrarse la acción.

Una trabajada sensibilidad proporciona indicaciones preciosas. Permite esclarecer la acción plenamente, así, todo es poco para recomendar a los principiantes *que aprendan a sentir.*

Se puede ir muy lejos con la ayuda de esta clarividencia propia de los magnetistas experimentados. Con sólo tener unas nociones de fisiología se puede llegar a ver claramente los desórdenes que se tienen que combatir. A veces incluso se puede saber el estado de los órganos sin tener contacto con el enfermo. De una sesión a otra se perciben las modificaciones que se ha producido y se pueden elaborar así los pronósticos para las sesiones siguientes. Otras veces se puede llegar a tener que llamar la atención al enfermo sobre síntomas que él había olvidado señalar.

Resumiendo: hay que distinguir tres fases en las operaciones que deben realizarse en el curso de una sesión de magnetismo.

El operador permanece primero *pasivo* y atractivo. Se prepara para la acción llamando a las fuerzas que deben entrar en juego.

Cuando está preparado para la acción se retiene, para ser observador *neutro* de los efectos que se producen por sí solos.

Finalmente pasa a ser *activo*, cuando tiene completa seguridad de lo que tiene que emprender. Un plan de batalla concebido juiciosamente le permite actuar sin desperdiciar el menor esfuerzo.

CAPÍTULO XXI

LA ACCIÓN

El empleo de la voluntad. — La utilización total de uno mismo. — La inmunidad contra el contagio. — El peligro de la pasividad. — El valor.

Para superar la neutralidad y pasar a ser activo, el magnetista no tiene más que responder a las atracciones que el enfermo ejerce sobre su persona. Debe saturar las regiones absorbentes, y la mayoría de las veces ese es todo su trabajo.

Pero en algunas ocasiones es necesaria una intervención más vigorosa: entonces no se deberá, bajo ningún concepto, emplear un esfuerzo brusco. Se recomienda usar la suavidad, a condición de ir unida a una energía gradualmente creciente.

El terapeuta no debe olvidar nunca que su fuerza reside esencialmente en la voluntad retenida. Debe poner todo su interés en no malgastar su poder de voluntad. Es una suprema reserva que no debe entrar en acción más que cuando se sabe a plena conciencia lo que se hace. Si se ejerce sin ton ni son se debilitará la voluntad. Al contrario, para hacerla irresistible debemos ser avaros con ella. El que consiga evitar el querer sin propósito será el rey sobre todo aquello que sea susceptible de obedecer.

En magnetismo nunca deberá ejercerse la voluntad arbitra-
riamente: será necesario esperar a que se la llame. Sólo cuando todos los otros recursos se hayan agotado, deberemos utilizar la voluntad con toda su impetuosidad. Pero raramente será
necesario llegar a los medios heroicos de la psicocirugía.

De todas maneras es conveniente para el enfermo y para
el magnetista que al final de cada sesión este último utilice
todas sus fuerzas.

Mediante este proceso se librará al enfermo de algunas mo-
lestias que pudiera tener. Una serie de pases transversales vigorosos se encargarán de ello. Al disolver así las condensaciones
mórbidas de la atmósfera del enfermo, deberemos reconstruir
totalmente su ambiente vital. Lo conseguiremos acumulando
a su alrededor una serie de nubes cargadas en extremo de energía curativa: deberemos entonces dar todo lo que poseamos, sin
miedo a quedar agotados.

En esto no hay ningún riesgo de fatigarse, pues se recupe-
rarán mejor las fuerzas cuando se hayan agotado por completo. El mepor sistema para enriquecerse en el magnetismo es
privarse de todo en beneficio del prójimo.

Pero para recuperar totalmente lo que se ha perdido, no
nos detendremos pasivamente junto al enfermo. Una vez terminada la sesión lo mejor es salir al aire libre. Entonces iniciare-
mos una rápida caminata, que activará la respiración y humede-
cerá ligeramente la piel.

Si se tiene cuidado de no olvidar nuca esta regla, se puede
atacar sin miedo las enfermedades más contagiosas. El magnetista no sufrirá ningún daño *mientras permanezca activo*. La pasividad será funesta por sí sola, sobre todo si se traduce en
miedo. Pero éste es desconocido para el hombre que tiene lo
necesario para curar al prójimo.

En resumen, el terapeuta debe aplicar juiciosamente sus
fuerzas, sin pensar en economizarlas. Nunca deberá calcular:

sus pérdidas se repararán mejor cuanto menos las haya escatimado.

De todas maneras, no debemos olvidar que nuestros órganos se gastan. Se puede usar con facilidad la fuerza, darla, recibirla luego a más alta tensión, pero esto sólo durará un tiempo si nos sobrecargamos en exceso. Los nervios terminan entonces por deteriorarse e irritarse. Deberemos, pues, actuar como se ha venido diciendo, pero sin exagerar el número de sesiones y tomándonos entre ellas el reposo necesario.*

* Véase anexo VI.

Capítulo XXII

CONCLUSIÓN DE LA PARTE PRÁCTICA

Salud obligada. — La medicina familiar. — Ningún magne-
tista profesional. — Todos podemos ser magnetizadores.

De todo organismo sano emana una benefactora influencia.
La salud se comunica y se convierte en una riqueza que los
más beneficiados pueden compartir con los más pobres.

Así como la riqueza material crea una serie de deberes
para los que la poseen, lo mismo ocurre con esta riqueza suprema de la salud. En la medida de lo que pueda, cada uno
debe ayudar a su prójimo, y ya que tenemos la facultad de cu-
rarnos los unos a los otros, seremos culpables si no lo hacemos.

¡Aprendamos a conocernos mejor a nosotros mismos! Dis-
ponemos de un inconsciente poder curativo que obliga a toda
persona vigorosa a convertirse en el médico de sus semejantes. La imposición de las manos conduce a una terapéutica de
familia, a una medicina íntima y no pretenciosa. Todos podemos practicarla sin altos estudios y sin diplomas.

Esta medicina popular no debe hacernos despreciar la ciencia de los doctores. Sería imprudente el querer prescindir por
completo de su experiencia. No menospreciemos su sabiduría,
pero actuemos antes que ellos: intervengamos con toda nuestra fuerza vital y con cálido fervor en nuestro deseo de ali-

viar a los demás. Así, en la mayoría de los casos no necesitaremos la asistencia médica.

Los magnetistas han cometido el error de ser exclusivos, de querer sustituir a los médicos. Este doble error los ha lanzado a una explotación profesional del magnetismo que lleva a los peores envilecimientos. Deberemos siempre luchar contra tales abusos.

La imposición de las manos está llamada a prestar sus mejores servicos en el tratamiento de complicaciones nacientes; así pues, deberemos popularizar ampliamente su práctica. Los magnetistas no deben constituir una corporación, pues todo el mundo debe poderlo ser, al menos todo aquel que tenga aptitudes, y es el caso de la inmensa mayoría. Todo enfermo encontrará a su alrededor personas capaces de imponerle las manos: el remedio está siempre al lado de mal, pero necias prevenciones nos alejan de él.

No seamos tan obstinados con la rutina que nos impide ver. No rechacemos de buenas a primeras lo que no conocemos: el orgullo humano se inclina demasiado a desconocer la verdad. Así es como ésta se revela preferentemente a los humildes, a los corazones sencillos, de los que se ha dicho que verán a Dios.

LA MEDICINA FILOSOFAL

Segunda parte

TEORIA

Capítulo primero

CONSIDERACIONES GENERALES

Las abstraciones. — El lenguaje alegórico. — Resume esquemáticamente las relaciones de los hechos entre ellos.

La interpretación filosófica de los hechos expuestos hasta aquí nos lleva a una vulgarización de orden puramente especulativo. Tras haber tratado de fenómenos particulares y concretos, intentaré ahora desarrollar las ideas generales y abstractas.

La tarea es más dura cuanto que ya no estamos acostumbrados a las obras de síntesis y generalización. Los pensadores conocían en otros tiempos un sistema de álgebra mental que nuestras costumbres de análisis nos han hecho perder de vista totalmente... Nosotros nos aferramos a los mismos hechos para desgranarlos con extrema minuciosidad; pero nos faltan las visiones amplias, que abarquen los fenómenos en su generalidad, en lo que tienen en común.

Al haber dejado de elevarnos por encima del terreno de la constatación experimental, hemos olvidado a los antiguos autores que se basaban en las leyes racionales de toda existencia. Sus teorías sobre la Naturaleza y el secreto de sus operaciones nos parecen puerilidades; es por lo que la *Filosofía hermética* aparece ante nuestros ojos como un cúmulo de fantasías, y por lo que la *Alquifia* parece haber sido relegada al baúl de las ciencias muertas.

Pero sobre todo una causa en particular ha desacreditado las doctrinas en boga en la Edad Media y hasta el siglo XVIII: hemos perdido la llave del lenguaje que servía para expresarlas. La manera de hablar en nuestros días es completamente diferente. En otros tiempos se ignoraba la necesidad que hoy sentimos de servirnos de términos completamente precisos: era suficiente con buscar aproximaciones, pues la verdad es fatalmente inexpresable. El ideal de la verdad no se deja aprisionar en ninguna fórmula. El resultado es que, hasta cierto punto, toda palabra es una mentira, pues no expresa más que imperfectamente la idea que quiere traducir. La intimidad del pensamiento, su espíritu fundamental es incomprensible; es una divinidad que se esconde constantemente y que no consiente más que, como máximo, reflejarse en alguna imagen. Tal como Moisés, a quien Jahveh no pudo mostrarse más que de espaldas.

Cada vez que se ha intentado dar forma a nociones trascendentes se ha tenido que emplear un lenguaje figurado. Yo mismo no puedo evitar el tener que recurrir a alegorías y símbolos. No es en absoluto un capricho, pues no tengo otro modo de hacerme comprender. El pensamiento puro sólo se muestra ante nosotros con un velo; pero este velo es transparente para el que sabe discernir.

El Hermetismo se dirige a los pensadores a los que una vocación innata empuja a profundizarlo todo. Las leyes generales de la conservación, de la generación y de la transformación de los seres sólo pueden ser representadas por esquemas que un espíritu superficial no sabría interpretar. Ee así como las enseñanzas de los sabios son ininteligibles para quien se queda en el sentido exterior de las palabras; pero es tarea de cada uno el iniciarse por sí mismo, inspirándose en estos tres principios del Evangelio:

Pedid la luz y se os dará;
Buscad la Verdad y la encontraréis;
Llamad a la puerta del templo y se os abrirá.

CAPÍTULO II

LA TRADICIÓN

La Fe y la Filosofía. — La Gnosis. — El Hermetismo. — Los esclavos de la letra. — El ocultismo contemporáneo.

Alejandría fue en su tiempo la capital intelectual del mundo antiguo. Célebres escuelas atraían allí a estudiosos de todas las naciones: Oriente y Occidente se encontraban en este centro cosmopolita que ponía en contacto a Fenicia, Caldea, Persia e India con la Grecia clásica, Roma y las Galias. Todos estos países aportaron sus tradiciones religiosas y científicas al pie del trono de los ptolomeos. Judíos helenizados tradujeron su Biblia que fue por primera vez accesible a los gentiles por la versión griega de los Setenta. El babilonio Beroso produjo una obra del mismo orden en la que recogió todo lo que sabía sobre su patria. Fueron reunidas y comparadas así valiosas enseñanzas de todas partes. Los hombres se esforzaron en coordinarlas en una síntesis filosófica que, aunque no pasó de ser un objeto, ejerció una gran influencia en el desarrollo del cristianismo.

Éste tuvo sus primeros seguidores entre las gentes sinceras, pero poco instruidas. Los primeros cristianos fueron ardientes espíritus afectados por los vicios de su época, que se

proponían coregir. En sus asambleas secretas parecían cons-
pirar contra las instituciones establecidas: se les consideraba
feroces revolucionarios, enemigos de toda jerarquía social. Pro-
clamaban la igualdad de los hombres ante un único Dios, y ad-
mitían una revelación sobrenatural, accesible a todos mediante
la fe. Cualquier búsqueda independiente de la Verdad era a
sus ojos condenable, al igual que las artes y las ciencias de los
paganos.

A estos hombres de acción grandemente disciplinados, a
estos partidarios de la igualdad democrática llevada incluso al
dominio de la inteligencia se oponían unos soñadores mucho
más inofensivos. Se hacían llamar *gnósticos* y pretendían estar
iniciados en los misterios de los antiguos hierofantes. Se jac-
taban de poseer los secretos más antiguos de la naturaleza, y
cultivaban conocimientos únicamente accesibles a los espíritus
de élite: decían también ser teurgos y terapeutas. A sus ojos
los cristianos no eran más que ignorantes peligrosamente fana-
tizados, de los cuales despreciaban sobre todo la grosería. En
cuanto a ellos, se complacían en sutiles especulaciones, sin
llegar a ponerse de acuerdo en una doctrina uniforme. Todo
discípulo de la Gnosis aspiraba a ser confidente directo de la
divinidad, por lo que no creía más que en sí mismo. El gnosti-
cismo se dividía en multitud de sectas, que le daban un aspecto
de completa anarquía intelectual.

Cristianos y gnósticos tenían, por fuerza, que batirse. La
lucha se prolongó; pero la victoria estaba conquistada con
anterioridad por la disciplina y el gran número. El partido cristiano era ya formidable, y triunfó definitivamente con la con-
versión de Cosntantino. Implacable, pues, a los ojos de sus
adversarios, proscribió todo lo que tenía que ver con el antiguo
culto y persiguió en particular a lo partidarios de la Gnosis.

Se les trató de herejes, y tuvieron que disimular sus doctrinas bajo los más espesos velos. Fue así como nacieron las

ciencias secretas u ocultas, a las que un ingenioso simbolismo protege de la curiosidad de los indiscretos.

Figura en la primera fila la *Alquimia,* el arte de las transmutaciones metálicas, que servía de trama a todo un vasto sistema de alegorías. Se concibió una especie de metalurgia mística, con operaciones copiadas de las que la naturaleza efectúa en los seres vivos. Se escondió bajo símbolos especiales una profunda *Ciencia de la Vida;* los hombres se esforzaron por resolver los más ocultos enigmas e iniciaron la búsqueda de la *Medicina Universal.*

Ésta debía remediar todos los males, tanto los del *alma* y el *espíritu* como los del *cuerpo.* También tenía que curar las enfermedades sociales y las de los individuos marginados.

Todo esto estaba relacionado con la preparación del *Elixir de la Vida,* y de la famosa *Piedra Filosofal.* Los adeptos intentaban asegurar a todo el mundo una salud inalterable e intentaban resguardar al hombre de todas las miserias. Para conseguirlo se proponían conducirlo todo al grado de perfección del que es susceptible: es lo que ellos llamaban convertir el plomo en oro. Practicaban el *Gran arte,* el *Arte por excelencia* o el *Arte sacerdotal y real* de los antiguos Iniciados; en su calidad de *sacerdotes* interpretaban las leyes de la armonía universal, que aplicaban a título de *reyes.*

Tan grandes conceptos hacen estallar cerebros demasiado estrechos. No todos los alquimistas fueron genios: la avaricia suscitó buscadores de oro cerrados a todo esoterismo; lo tomaron todo al pie de la letra, y sus extravagancias ya no tuvieron fronteras.

Mientras los apuntadores vulgares se entregaban a esta cocina incoherente, de la que más tarde se derivó la química moderna, los *Filósofos* dignos de este nombre, los amigos de la sabiduría intrínseca, se preocupaban de «separar lo sutil de lo denso, con delicadeza y una extraña prudencia», como lo re-

comienda la Tabla de Esmeralda de Hermes Trismegisto: dese-
chando las escorias de la letra muerta, no retenían más que el
espíritu vivificado de la enseñanza de los maestros.

Pero la gente confunde a los sabios con los locos. Rechaza en bloque todo lo que no esté a su más inmediato alcance
o no haya recibido el sello de los pontífices que hayan sabido
captar su confianza.

Entre nuestros contemporáneos algunos espíritus aventure-
ros han osado penetrar en las catacumbas de las tradiciones perdidas. El camino lo inició Eliphas Levi (el Abad A. L. Constant)
de quien *Stanislas de Guaita,* con sus *Ensayos sobre ciencias
malditas* y *Serpiente del Génesis,* se revela como el mejor discípulo.

Estas investigaciones tienen mucha importancia desde el
punto de vista de la terapéutica oculta. Hicieron apreciar los
tratados de Alquimia qeu hoy en día vuelven a descifrarse, a
pesar de su demasiado figurado estilo.

Capítulo III

LOS TRES PRINCIPIOS

La Luz. — Azufre, Mercurio y Sal. — El Azoth de los Sabios. — Lo binario y su conciliación.

El Hermetismo atribuye el primer origen de todas las cosas a una radiación que emana simultáneamente de todas partes: es la *Luz infinita,* el *Aôr Ensoph* de los Cabalistas (1).

Esta Luz creadora emana de un centro que no está en ninguna parte, pero que cada ser encuentra en sí mismo.

Considerado en su unidad omnipresente, este Centro es la fuente de toda existencia, de todo pensamiento y de todo tipo de vida.

Se manifiesta en los seres como el hogar de su energía expansiva, que parece tener relación con un fuego interno, que estaría alimentado por lo que los alquimistas llaman su AZUFRE ⚶ .

El ardor central ⚶ es el resultado de una refracción en él de la luz ambiental, la cual es capaz de penetrar a los cuerpos y representa a las influencias que el exterior ejerce sobre ellos.

---

(1) Las teorías cabalísticas han sido resumidas con notable claridad, en 1864, por el doctor *Ch. de Vauréal,* en su *Essai sur l'histoire des ferments,* tesis doctoral que entonces causó sensación en la facultad de medicina de París.*

Así, pues, la Luz - Principio se manifiesta, en relación con los seres, bajo dos aspectos distintos: converge hacia sus centros con el nombre de MERCURIO ☿ luego irradia de este hogar radical como emanación sulfurosa.

El Mercurio ☿ hace, pues, alusión a *lo que entra*, y el Azufre 🜍 a *lo que sale;* pero entrada y salida suponen un contenido estable, que coresponde a *lo que queda,* dicho de otra manera, a la SAL ⊖ .

Todo lo que queda relativamente fijado es el resultado de un equilibrio realizado entre la expansión sulfurosa 🜍 y la comprensión mercurial ☿. La Sal ⊖ es una condensación luminosa producida por la interferencia de dos emanaciones contrarias. Es el receptáculo en el que se infiltra el espíritu mercurial ☿ para excitar el ardor sulfuroso 🜍 .

En todo lo que puede concebirse como existente se distingue necesariamente Afufre ♁ , Mercurio ☿ y Sal ⊖; pues no podría imaginarse nada que no tuviese su propia sustancia (Sal ⊖), simultáneamente sometida a influencias internas (Azufre ♁), y externas (Mercurio ☿).

Considerado en su universalidad como el éter que se encuentra en todas partes y que lo penetra todo. el Mercurio toma el nombre de *Azoth de los Sabios*. Es el soplo divino (Rouach Elohim) que el Génesis nos muestra moviéndose por encima de las aguas, las cuales están representadas por la Sal.

En su origen todo reside en el Azoth; pero por obra del Espíritu divino el Verbo se encarna en el seno de una Virgen inmaculada, que da a luz al Redentor.

Éste no es otro que el Querer particular armonizado con la Voluntad general; es el Azufre ♁ aliado al Mercurio ☿ en una Sal ⊖ perfectamente purificada.

Esta alianza permite a la individualidad el conquistar la plenitud del ser, de la vida, y del pensamiento; porque los individuos no existen, no viven y no piensan más que en la medida que asimilan al ser, a la vida y al pensamiento de lacomunidad a la que pertenecen. No somos nada por nosotros mismos: todo proviene del gran Todo. El hombre debe, pues, intentar unirse estrechamente a la fuente permanente de todas las cosas.

Pero la intimidad de una unión así depende del grado de pureza al que se ha llevado a la Sal ⊖. Esto explica la importancia que siempre se le ha dado a las purificaciones, que aún en nuestros días ocupan un lugar preponderante en los rituales de la francmasonería.

El predominio del Azufre ♁ exalta la iniciativa individual y se traduce en las cualidades viriles: energía, ardor, valentía, orgullo, gusto por el mando. Impulsa a creer, a inventar;

incita al movimiento, a la acción, y hace dar más que recibir; es por lo que el hombre se basa menos que la mujer en la fe receptiva: prefiere elaborar sus propias ideas que asimilar las de los otros.

El Mercurio ☿ desarrolla, en cambio, las virtudes femeninas: dulzura, calma, timidez, prudencia, modestia, resignación, obediencia. No promueve la inventiva pero da la facultad de comprender, de adivinar y de sentir con delicadeza; hace, además, amar el reposo, sobre todo el espiritual, absorbido en el ensueño y el vagabundeo de la imaginación.

En cuanto a la Sal ⊖ , engendra el equilibrio, la ponderación, la estabilidad; es el medio conciliador que se ha tomado, con toda razón, como el símbolo de la sabiduría.*

* Véase anexo VII.

Capítulo IV

LOS CUATRO ELEMENTOS

El desdoblamiento de la Sal. — La teoría de los elementos. — Sus símbolos. — Su coordinación. — La vida elemental. — ¿Cómo prolongarla? — El fluido de los magnetistas.

La Sal constituye el conjunto de lo que comprende la personalidad, a la vez el alma y el cuerpo, siendo la una lo que hay en nosotros de celeste, y la otra lo que nos ata a la tierra. Esta división figura en el signo alquímico de la Sal ⊖ como el diámetro horizontal que divide al círculo.

El segmento superior ⌒ o ♂ representa a lo que es puro, inalterable e imperceptible, mientras que su parte inferior ⌣ o ◻ se refiere a lo heterogéneo, acesible a nuestros sentidos y sujeto a perpetuos cambios. Este dominio menos etéreo está sometido al imperio de los *Elementos*.

Estos últimos no tienen nada que ver con lo que nosotros llamamos «cuerpos simples». Son abstracciones que se distinguen de las *cosas compartimentadas*. Los cuatro elementos se encuentran necesariamente reunidos en todo elemento físico, pues la *materia elemental* es el resultado del equilibrio que se establece entre ellos.

El elemento llamado «TIERRA» escapa a nuestra percepción; es la *causa* invisible e impalpable de la pesadez y de la fijeza. Igualmente metafísicos son el «AIRE», que produce la volatildad, el «AGUA» que encoge los cuerpos y el «FUEGO» que los dilata.

A los elementos se les incorporan las *cualidades elementales,* que son lo *seco,* lo *húmedo,* lo *frío* y lo *caliente.*

La *tierra,* fría y seca, tiene como símbolo el Buey de san Lucas, el Tauro zodiacal de la primavera.

El *aire,* húmedo y caliente, es el dominio del Águila de san Juan, que brilla en el cielo entre las constelaciones de otoño.

El *agua* es fría y húmeda; corresponde al Ángel de san Mateo, o a Acuario, estación de sol en invierno.

Finalmente el *fuego,* caliente y seco, es recordado por el León de san Marcos, que marca en el zodiaco el centro del verano.

El antagonismo conjugado de los elementos está figurado por un cuadro lleno por la *sustancia elemental.*

Los Elementos figuran en el hombre como la materia corporal pasiva (Tierra), el espíritu o soplo animador (Aire), los fluidos, vehículos de la vitalidad (Agua), y la energía vital, fuente de todo movimiento (Fuego).

La Tierra es un recipiente poroso, al que atraviesan el Agua y el Aire para alimentar al Fuego, que arde en el centro.

Excitado por el Aire, el fuego consume parte del Agua y vaporiza el resto. El vapor se abre paso entre los poros de la corteza terrestre y se eleva al exterior; pero el frío lo condensa en nubes que terminan en lluvia. El agua, conteniendo así el aire en disolución, se acumula en la superficie de la tierra, que la embebe y la hace volver a su hogar central.

Se establece así una circulación ininterrumpida que conserva la vida y que durará mientras el Fuego no se apague.

Cuando el Agua nutritiva abunda, el Fuego sólo desea brillar con un vivo resplandor. Es el caso de la juventud exhu-

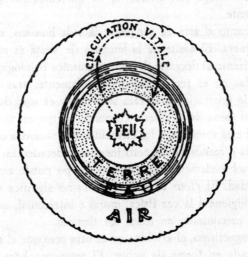

berante e impetuosa, que gusta de deshacerse hasta el agotamiento de toda la humedad central. Todo termina con un estado de cansancio y fatiga, cuyo único remedio es el reposo.*

Pero la actividad se hace lenta por sí misma cuando el fuego tiene poco combustible. El descenso de la temperatura provoca la condensación de la humedad exterior: llueve, y el Agua absorbida renueva el ardor central. Éste es el mecanismo

* Véase el capítulo XVIII de la primera parte.

de reparación durante el sueño de las fuerzas consumidas durante la vigilia.

Con la vejez el líquido se hace más raro, sobre todo si no se ha sabido economizar. Deberemos, pues, aprender a gobernar nuestro fuego con acierto, si no queremos envejecer prematuramente.

En cuanto al arte de prolongar la vida humana, no es una pura quimera. El aceite de la lámpara de Vesta es susceptible de hacer frente al desgaste de los mecanismos fisiológicos. Nuestras células no se reproducen indefinidamente: tras un cierto número de generaciones su raza se agota, y es aquí donde reside la fatal causa de la muerte corporal. Lo que en nuestra personalidad está sometido a los elementos se encuentra condenado a una más o menos tardía pero inevitable decadencia. Tan sólo la parte sobre-elemental de nuestro cuerpo puede aspirar a la inmortalidad. El *elixir de la larga vida* no significa nada más que una higiene a la vez física, moral e intelectual, que los sabios han preconizado en todos los tiempos.

En magnetismo, el «fluido» no es otra cosa que el agua vital exteriorizada en forma de vapor. El terapeuta hace pasar su humedad a la atmósfera del enfermo, que la absorbe y adquiere un aumento de vitalidad.

Pero hay magnetistas que se caracterizan por el ardor del fuego, más que por la abundancia del Agua. Serán preferentemente experimentadores y actuarán por la voluntad, como se ha dicho en el capítulo XVI. Su intervención será preciosa en ciertos casos especiales en que se trate de remediar la obstrucción de los poros de la corteza terrestre estimulando la circulación vital. No se puede recurrir entonces más que al Fuego, que actuando desde el exterior vaporiza la humedad interna y la obliga a abrirse paso a través de la tierra insuficientemente permeable. Ésta se desobstruye y por este hecho el enfermo se vuelve sensible a la acción magnética ordinaria.

La permeabilidad exagerada de la corteza terrestre la hace impresionable al más alto grado. Los sujetos se muestran entonces de una sensibilidad exquisita. A primera vista se ve que el magnetismo los transforma. Pero lo que con tanta rapidez han adquirido puede perderse igualmente rápido.

El sistema para convertir su propia tierra en permeable interesa mucho al psicocirujano que quiere llegar a desplegar en toda su totalidad su poder. Se hablará de ello en el siguiente capítulo.

CAPÍTULO V

LA OBRA DE LOS SABIOS

Operaciones. — Colores. — Pájaros herméticos. — La unión del Azufre y del Mercurio. — La Estrella de los Magos. — La Rosacruz.

La piedra filosofal es una *Sal* ⊖ purificada que coagula al *Mercurio* ☿ , para fijarlo en un Azufre ♁ eminentemente activo.

La Obra comprende, pues, tres fases:

La purificación de la Sal ⊖ ,

La coagulación del Mercurio ☿ ,

Y la fijación del Azufre ♁ .

Pero antes deberemos procurarnos la *Materia filosófica*. Esto no conlleva demasiados gastos, pues es muy común y se encuentra en todas partes.

De todas maneras debe discernirse. No toda la madera es buena para hacer un Mercurio. La naturaleza nos ofrece materiales que no sería posible utilizar para la construcción del templo de la Sabiduría. Hay vicios redhibitorios que nos hacen descartar lo profano incluso antes de someterlo a ninguna prueba.

Imaginemos al artista en posesión de la «materia» adecuada para sus proyectos. Se apresurará en seguida a limpiarla, para librarla de cualquier cuerpo extraño que pudiera haberse adherido accidentalmente a la superficie.

Una vez tomada esta precaución, el *sujeto* se encierra en el *Huevo filosófico*, cerrado herméticamente con barro. Así se le

sustrae de toda influencia que venga del exterior: la estimulación mercurial ya no actúa; su fuego vital desciende, languidece y termina por apagarse.

Este lenguaje sería muy desconcertante si, para entenderlo, no nos remitiésemos a la traducción que la francmasonería nos ofrece en sus usos. El ritual prescribe despojar al *Candidato* de los metales que lleva consigo, y encerrarlo en la *Cámara de*

las reflexiones, donde se encontrará en presencia de emblemas
fúnebres, que lo invitarán a prepararse para la muerte (1).

Aislado, reducido a sus propios recursos, el individuo cesa
de participar en la vida general: muere y su personalidad $\ominus$
se desdobla. La parte etérea δ se desprende y abandona un
residuo que ahora es «informe y vacío» como la tierra antes
de su impregnación por el soplo divino. (Génesis I, 2.)

Aparece así el *caos filosófico,* cuyo color negro está repre-

sentado por el *Cuervo de Saturno.* Podemos ver en este pájaro la imagen de las tinieblas que estaban en la superficie del
abismo; se le opone la Paloma, el símbolo del Espíritu de Dios
moviéndose sobre las aguas.

Privada de vida, la materia entra en *putrefacción.* Toda forma orgánica se disuelve entonces, y los elementos se confunden
en un caos desordenado.

Pero la masa putrefacta encierra un germen, y la disolución favorece su desarollo. El hogar de esta nueva coordinación empieza por calentarse, en razón de las energías que
en él se encuentran almacenadas. El calor desprendiendo aleja la humedad y se envuelve en un manto de sequedad. Se re-

(1) Ver para mayor desarrollo la interpretación dada en el «Libro
del Aprendiz».

constituye así la corteza terrestre, que sirve al Fuego de matriz y lo separa del Agua.

Esta separación de los elementos restablece la circulación vital (*), que tiene la misión de someter a la tierra impura a un lavado progresivo. El agua alternativamente exteriorizada y reabsorbida, cambia el residuo caótico del negro al gris, y luego al *blanco,* pasando por todos los colores del arco iris, representados por la *cola del pavo real.*

La blancura tiene como símbolo al *Cisne,* aspecto que tomó Júpiter para unirse a Leda. El maestro de los dioses representa con esto al Espíritu que fecunda a la Materia purificada por abluciones sucesivas. Es el soplo aéreo que penetra a la tierra para hacer surgir de ella al *Niño filosófico.*

Mientras el embrión se desarrolla en el seno materno, la

* Véase el esquema del capítulo precedente.

tierra se cubre de una lujuriante vegetación, gracias a la humedad aérea de la que está impregnada; es la aparición del *color verde,* el de *Venus,* cuyo animal favorito es la *Paloma.*

Ahora no queda por obtener más que el *color rojo,* el que marca el fin de la *Obra simple* o *Medicina del primer Orden.* Anuncia la perfecta purificación de la Sal ⊖, que hace posible el acuerdo riguroso entre el agente interno ♀ y su fuente exterior de acción ☿.

El Fuego individual brilla entonces con un ardor divino, y manifiesta al puro *Azufre filosófico,* cuya imagen es el *Fénix.*

Este maravilloso pájaro estaba consagrado al Sol, y se le atribuía un plumaje escarlata. Representa a ese principio de firmeza que reside en el hogar de nuestro Fuego central, donde parece consumirse incesantemente para renacer siempre de las cenizas.

Para conseguir esta inmutabilidad la iniciativa particular no debe ejercerse más que por la impulsión directa del Centro motor universal; es la comunión del Hombre con Dios, la armonía plenamente realizada entre el Microcosmos y el Macrocosmos.

Llegado a este estado, el Sujeto toma el nombre de *Rebis,* de *res bina,* lo que es doble. Se le representa por un andrógino uniendo la energía viril a la sensibilidad femenina. Efectivamente, es indispensable reunir las dos naturalezas, si se quiere realizar la coagulación del Mercurio, o dicho de otra manera, atraer el *Fuego del Cielo* y asimilarlo para uno mismo.

El adepto que ha vencido las atracciones elementales posee la verdadera libertad, pues el espíritu domina en él sobre la materia: se ha convertido plenamente en Hombre al superar la animalidad. Lo mismo que la cabeza manda sobre los cuatro miembros, un quinto principio debe subyugar a los Elementos; es la *Quintaesencia,* que es la esencia misma de la personalidad, o, si se prefiere, la entelequia que asegura la persistencia del ser.

Esta misteriosa entidad tiene como símbolo el *Pentagrama*, o la *Estrella del Microcosmos,* que, bajo el nombre de *Estrella Flameante* es bien conocida por los francmasones. De ella han hecho el emblema característico de su segundo grado, al cual no se puede aspirar más que tras haber sido purificado sucesivamente por la Tiera, el Aire, el Agua y el Fuego. Las pruebas de iniciación están copiadas de las operaciones de la Gran Obra; las cuatro purificaciones se refieren a la putrefacción (Tierra), a la sublimación de la parte volátil de la Sal (Aire), a la ablución de la materia (Agua), y a la espiritualización del sujeto (Fuego). La última prueba hace referencia a la llamarada que llena al ser de ardor divino, cuando su foco de iniciativa se exalta con el calor del Fuego-Principio animador de todas las cosas.

La Quintaesencia se representa en algunas ocasiones como una rosa de cinco pétalos.

En una de sus figuras, *Nicolas Flamel* nos muestra así

a la Rosa hermética saliendo de la piedra mercurial bajo la influencia del Espíritu universal.

Por otra parte, los místicos rosacrucianos combinaban la rosa con la cruz y veían en ello al Hombre-Dios que llevamos en nuestro interior.

El Salvador era, según sus creencias, la Luz divina que resplandece en el seno del alma purificada. En un principio no es más que una chispa, un niño totalmente frágil hijo de la Virgen celeste, o dicho de otra manera, de esta esencia psíquica trascendente, inmaculada, universal, que está destinada a invadirnos. Esta invasión rechaza lo que es inferior en nosotros mismos: así la Mujer apocalíptica destruye la cabeza de la Serpiente, seductora de nuestra vitalidad terrestre, mientras el Redentor crece para divinizarnos a la vez que nos ilumina.

Capítulo VI

EL MAGISTERIO DEL SOL

La Iluminación. — La Maestría. — La Reintegración a la Unidad. — El oro filosófico. — La Sabiduría. — El Pelícano. — La Estrella de Salomón.

Según los ritos de la iniciación, el velo de la ignorancia profana cae de los ojos del *Candidato* una vez que éste ha sido purificado por los Elementos. Esta cuádruple purificación tiene por objeto convertir la corteza terestre en permeable y transparente; así la luz exterior ☿ puede percibirse desde el interior ♁.

Pero al Iniciado no le basta con *ver* la Luz: le conviene *atraerla,* para concentrarla en el hogar radical de su personalidad. Es lo que se llama *coagular el Mercurio.*

En vista de esta operación el Fuego interior debe ser antes exaltado. El ardor central ♁ exterioriza así la humedad anímica, que transforma la atmósfera individual en un medio refringente, dispuesto a recoger y condensar la difusa claridad del Azoth. Gracias a esta refracción la personalidad termina por impregnarse íntegramente de Luz coagulada.

Es importante entonces convertir en permanente el estado al que se ha llegado. Sólo puede conseguirse induciendo una nueva circulación vital más trascendente que la que se efectúa en el dominio ordinario de los Elementos.

Pero la conquista de una vida más elevada supone siempre una muerte previa. No obstante, esta vez no es lo Profano lo que perece en el seno de las tinieblas para renacer a la Luz, es el Iniciado el que muere por encima de la tierra y clavado a la cruz, en vista de cumplir la Gran Obra.

Esta muerte representa el sacrificio total de uno mismo. Exige la renuncia a todo deseo personal. Es la extinción del egoísmo radical, y en consecuencia, la anulación del pecado original. El estrecho *yo* desaparece, absorbido por el *el* de la Divinidad.

Una absorción parecida inviste al Hombre del poder soberano. El ser que ya no es esclavo de nada se convierte, por este único hecho en el señor de todo. Su voluntad no formula más que las intenciones de Dios y por esta razón se impone irresistiblemente.

Pero al realizar el ideal cristiano el sabio perfecto no podrá dedicarse a ninguna empresa arbitraria. Su misión de redentor le prohíbe toda mezquindad. Él no puede fabricar oro vulgar, que pueda tentar a los avaros. Cuando proyecta la piedra filosofal contra los metales en fusión, los transforma en *oro filosofal,* es decir, en un tesoro inalienable, cuyo valor es absoluto y no puramente convencional.

Este oro posee el más alto grado de perfección: el ser susceptible del triple punto de vista intelectual, moral y físico. Es así como la piedra filosofal se convierte en la mejor medicina a la vez del espíritu, del alma y del cuerpo. Procura la salud perfecta y restituye a la criatura caída todos los derechos primitivos de su creación.

Pero para hacer perfectos a los demás es necesario que nosotros mismos seamos perfectos. Ahora bien, ¿quién osará pretender la perfección? ¿No es un modelo a seguir, pero que no podremos alcanzar jamás?

Es así cuando se trata de la perfección absoluta. Pero no es a ella a la que hace alusión el oro filosófico, que no representa más que el grado de perfección compatible con la naturaleza de cada ser. Cuando se haya llegado a este grado, se podrá desempeñar el papel de salvador. La más modesta luz contribuye a disipar las tinieblas, y para curar a los demás es suficiente con estar sano.

Una chispa divina brilla en todos y cada uno de los hombres. Pero la mayoría de las veces queda ahogada por el espesor de la materia. La iniciación aligera y reaviva el Fuego sagrado. En el ser humano desarrolla el Hombre-Principio, dejando salir al germen de las potencialidades latentes que todos llevamos dentro. No podemos pedir nada más; pues toda construcción es perfecta cuando corresponde a los planos ideados por el arquitecto. Y en este caso se trata del Arquitecto soberano que ordena todas las cosas.

Por otra parte, el hombre no es nada por sí solo: todo le llega del exterior. Esto es lo que le permite participar con pleno poder cuando actúa acercándose a su fuente original. Pues, para acercarse a Dios basta con amarle y hacer su voluntad.

Hacer la voluntad de Dios es trabajar en la realización del plan divino, y, como una tarea determinada y asignada a cada ser, el deber consiste en desempeñarla fielmente. El mérito no está en las obras grandiosas, sino en aquellas que responden a las exigencias de la armonía general. En el concierto universal los ejecutantes no deben dedicarse ha hacer el mayor ruido posible, sino a tocar estrictamente la nota que se les ha pedido.

Cumplir rigurosamente su destino es, pues, toda la ambición del sabio. Glorias, honores, riquezas, placeres y satisfacciones, a sus ojos no tienen ningún interés. No ve en el mundo más que un teatro en el que las personalidades ofrecen un espectáculo. Los actores aparecen en escena disfrazados con vestimentas prestadas, y hacen su papel con convicción, olvidando

que cuando caiga el telón se quitarán sus pretenciosos vestidos para ser de nuevo ellos mismos.

En estas condiciones poco importa el papel que se desempeña. Príncipe o mendigo, héroe o traidor, lo esencial es hacerlo bien, respondiendo exactamente a las intenciones del autor.

De todas maneras, si el temor al Señor es el principio de la sabiduría, la simple docilidad no es el final. La sumisión y la obediencia son indispensables, pero con ellas solas no bastan para elevarse hacia Dios: la elevación dependerá del grado de Amor al que seamos capaces de llegar.

El *Pelícano* es, desde este punto de vista, el símbolo de esta caridad sin la cual no seríamos más que un bronce que resuena o un platillo retumbante. Este pájaro alimenta a sus

hijos con su propia sangre. Es la imagen del alma que se sacrifica sin reserva. En el sentimiento que une al individuo con
todos los seres reside la suprema virtud, la «fuerza fuerte» de
todas las fuerzas.

El adepto que brilla con este amor infinito obtiene el
Sello de Salomón. Este signo del poder mágico por excelencia se compone de dos triángulos entrelazados, que son
los símbolos químicos del fuego $\triangle$, y del agua $\triangledown$. En este
caso representan, más particularmente, a la naturaleza humana
unida a la divina.

El *Hexagrama* o la *Estrella del macrocosmos* es, pues, el
emblema de la Teurgia, que se basa en la alianza de la Voluntad y del Sentimiento, mientras que la simple Magia se basa

únicamente en la Voluntad del adepto llevada hasta el máximo grado de su poder. Su símbolo es en esto el *Pentagrama* o la *Estrella del Microcosmos.*

El *mago* desarrola su individualidad, exalta su Azufre y se convierte en un poderoso centro de iniciativa personal. Tiene relación con la iniciación masculina o dórica, al contrario del *místico,* que se basa en los principios de iniciativa femenina o jónica, cuando se anula por un poder exterior superior a él mismo (Mercurio ☿). En cuanto al *teurgo,* su superioridad consiste en conciliar la actividad del mago y la pasividad del místico. Es un eslabón de la suprema jerarquía: manda y obedece, transmite la orden de lo alto al que se encuentra debajo suyo, dirige el trabajo de los demás y asegura la realización del plan del eterno Arquitecto.

Capítulo VII

LOS SIETE METALES

La constitución ternaria y septenaria del hombre. — Correspondencia de los metales con los planetas. — Los siete principios del Budismo esotérico.

El *Espíritu* esencialmente activo no puede actuar sobre la sustancia pasiva del cuerpo más que por mediación del *Alma*, que es pasiva con relación al Espíritu, pero activa en comparación con el Cuerpo.

Pero la salud exige que la influencia del Espíritu pueda ejercerse plenamente sobre el cuerpo. Para esto el Alma debe ser el término medio exacto entre el Espíritu y el Cuerpo. La armonía, pues, sólo podrá realizarse si hay equivalencia entre los tres factores de la personalidad humana.

Éstos pueden ser representados por tres círculos que se penetran parcialmente. Se engendra entonces un septenario que nos permite ver la constitución del hombre bajo un nuevo aspecto.

El Espíritu, el Alma y el Cuerpo corresponden así al *Oro*, a la *Plata* y al *Plomo*. Su síntesis está figurada por la *Plata Viva*, símbolo de la quintaesencia, o sustrato permanente e invisible de la personalidad física. El Alma y el Espíritu se unen en el Alma espiritual, a la cual se le atribuye el *Estaño*, así

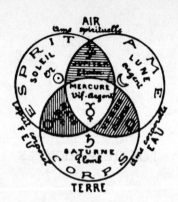

como el *Hierro* y el *Cobre* se aplican respectivamente al Espíritu corporal y al Alma corporal.

A cada metal le corresponde además un planeta o una divinidad olímpica.

El Plomo, vil y pesado, pertenece a *Saturno* ♄ , el dios destronado por Júpiter ♃ , que se refleja en el Estaño, el más ligero de los metales.

Estos dos metales son *blandos* y se oponen a otros dos que son *duros.* Uno, el Cobre, al oxidarse toma el color verde de *Venus* ♀ . El otro es el Hierro, que enrojece con el fuego y proporciona las armas a Marte ♂ .

La movilidad de la Plata Viva recuerda los rápidos movimientos del planeta *Mercurio* ☿ , y por afinidad los del mensajero de los dioses.

La *Luna* ☾ parece encontrar su blancura y su moderado brillo en la Plata, mientras que el Oro tiene el mismo brillo que el *Sol* ☉ .

Los Elementos corresponden al Plomo (Tierra), al Estaño (Aire), al Cobre (Agua) y al Hierro (Fuego).

El Oro, incorruptible, está representado por Apolo, el dios-luz, fuente primordial de todo tipo de vida y de actividad.

Es el *Espíritu puro que anima a la creación,* de la cual es el principio y el fin, A y Z, Alfa y Omega, Alef y Tau, como lo indica la palabra AZΩת, compuesta cabalísticamente por la letra inicial de todos los alfabetos (A), seguida por el último carácter alfabético de los latinos (Z), de los griegos (Ω) y de los hebreos (ת). Este principio está relacionado con el *Atma* del budismo esotérico.

Tiene que ver directamente con el *Buddhi,* el principio pensador que delibera y decide. Es el *Espíritu anímico,* o Júpiter, unido a su esposa Juno, que representa al *Alma espiritual.* El maestro del Olimpo aconseja y lanza el rayo de la voluntad. De su cerebro surge, completamente armada, Minerva o la Razón.

El *Alma* o el dominio de la casta Diana, coresponde al *Manas* de los hindúes. Es la fuente del Sentimiento, de la Imaginación y de la Memoria.

El *Espíritu corporal* o el Instinto animal corresponde al *Kama Rupa* o «cuerpo de deseo» de los orientales. Es la energía vital que tan bien representa la fiereza de Marte y la áspera dureza del Hierro.

El *Cuerpo astral* asegura la permanencia del Cuerpo físico, del cual es el doble etéreo o aromal. Todo recae sobre él, pues él es el nudo de la personalidad. Transmite las órdenes de Júpiter y hace el papel de intermediario universal. Mercurio lo personifica, pues, merecidamente. Los budistas lo llaman *Linga Sharira.*

A la Vitalidad la llaman *Prâna o Jîva,* y tiene como vehículo al Agua fecundadora, de la cual nace Venus, personificación del *Alma corporal.*

Y por último Rûpa, el *Cuerpo material,* que librado a él mismo se pudre bajo la acción disolvente de Saturno.

Cuando estos siete principios se equilibran armónicamente el resultado es una salud perfecta. Pero la perfección no se consigue nunca. El equilibrio ideal se rompe siempre más o menos. Esto es o que origina la diversidad de individuos de una misma especie; pues si todos fuesen estrictamente conformes a su modelo abstracto se confundirían en la unidad de su tipo común.

Las desviaciones son innumerables; pero convergen en un pequeño número de tipos secundarios que se describirán en el siguiente capítulo.

CAPÍTULO VIII

LAS MODIFICACIONES FUNDAMENTALES
DEL TIPO HUMANO

La luz blanca y los colores del prisma. — Materialidad y Animalidad. — Espiritualidad. — Bondad y altruismo absoluto. — Ferocidad. — Actividad e Intelectualidad pura. — Pereza.

El Hombre-Tipo o *Adam-Kadmon* representa un ideal de armonía que ningún ser concreto podría ostentar. Es el resultado de variadas idiosincrasias que sólo el Hermetismo permite clasificar de una manera lógica.

Para ello es necesario volver a las causas que provocan una ruptura más o menos pronunciada del equilibrio perfecto. Todas se juntan en una sola: la desproporción de los factores que constituyen el ternario humano. Cada uno de ellos puede encontrarse en exceso o, al contrario, estar representado en defecto. Se pueden distinguir así seis variaciones fundamentales, caracterizadas por la abundancia o penuria del *Cuerpo*, del *Alma* y del *Espíritu*.

Para darnos cuenta de estas derivaciones, deberemos remitirnos al esquema del capítulo precedente. Cada uno de estos círculos, al ser avanzado o atrasado, ve modificadas sus inter-

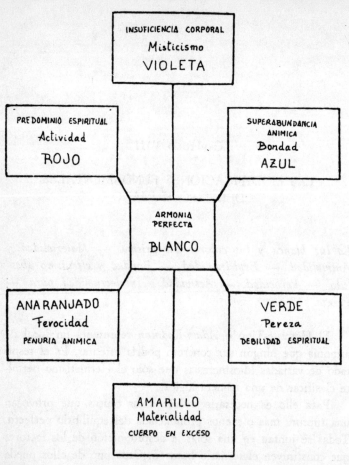

ferencias normales, de manera que explica las principales to-
nalidades de la armonía humana.

Éstas se agrupan alrededor del equilibrio perfecto, al que
corresponde la luz blanca sintética en el simbolismo de los
colores. Los tres colores primitivos, rojo, azul y amarillo, co-
responden respectivamente al Espíritu, al Alma y al Cuerpo.
En cuanto a los tonos intermedios, violeta, naranja y verde, se

aplican al Alma espiritual, al espíritu corporal y al alma corporal (1). Las principales variaciones del tipo humano pueden, así, relacionarse con los colores del prisma. Ese lo que indica la tabla abajo representada.

Pero es conveniente estudiar por separado cada una de las divergencias así representadas.

* * *

Cuando el círculo corporal se traza de manera que quite lugar a ls otros dos, Marte ♂, Venus ♀ y Mercurio ☿ se extienden a expensas de Júpiter ♃. Es el esquema del predo-

minio material. La actividad física ♂, la savia vital ♀ y la inteligencia práctica que cubre las necesidades del cuerpo ☿ se reúnen para ahogar a la idealidad ♃. No queda mucho lugar para el sueño, las concepciones elevadas y los sentimientos nobles. En contrapartida, la fuerza muscular no dejará nada que desear. Las naturalezas de este tipo están hechas para

(1) Estas correspondencias inspiraron a los artistas en sus composiciones religiosas. Dan una particular importancia a la mescolanza de los antiguos Tarots. El autor se ha conformado estrictamente para su restitución con los 22 Arcanos del Tarot Cabalístico. (París, 1889.)

trabajar bajo la dirección de los demás. No aspirarán más que a la satisfacción de sus necesidades corporales. Cualquier otra ambición no les parecerá razonable. Sancho Panza personifica plenamente a este tipo.

El equilibrio masivo de estos seres les hace gozar de una excelente salud, si nos guiamos por las apariencias; pues en realidad están predispuestos a la apoplejía y a los accidentes característicos del tipo atlético. Si no utilizan su fuerza estarán continuamente amenazados por la obesidad y la plétora; por otra parte, sus órganos corren el riesgo de desgastarse prematuramente si se les somete a una fatiga excesiva.

Estas personalidades espesas necesitan reaccionar contra la pesadez de la materia. En ellas la imaginación ☾ deberá idealizar a la vitalidad ♀. Diana ☾, inspirando sentimientos puros a Venus ♀, dará más importancia a Júpiter ♃ sobre todo si Apolo ☉, por su lado, consigue encarar el ímpetu de Marte ♂ hacia la ambición por las cosas grandes.

Esta intervención simultánea del Alma ☾ y del Espíritu ☉ refuerza el *Alma espiritual o razonable,* ♄, que distingue al hombre del animal.

Éste se abandona a los impulsos que le gobiernan. Obedece con absoluta docilidad las leyes de su especie, y no medita sus actos, que son puramente impulsivos. Los animales pueden compararse, en este aspecto, a sujetos hipnotizados que siguieran irresistibles sugestiones.

En ellos no hay detalles de idealismo ♄. El espíritu ☉ se manifiesta enteramente en el Instinto ♂, y el Alma ☾ en la Vitalidad ♀. En cuanto al Cuerpo Astral ☿, es más potente que en el hombre.

La inconsciencia que caracteriza a la animalidad es consecuencia de la ausencia de Alma espiritual ♄. Esta no se desarrolla más que tras la revolución inicial que lleva a la con-

quista de la autonomía personal. El hombre ha querido *ser
por sí mismo* y por esto se ha salido de la corriente de la vida
general o edénica, y ha destruido la intimidad de la relación

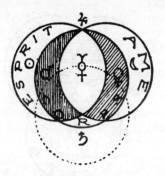

que une al individuo con la especie. Así se ha desencadenado
una lucha entre la razón naciente ♄ y el instinto ♂ privado de su infalibilidad. Las dolorosas pruebas de la evolución
individual le libran, poco a poco, de este problemático estado.
Las facultades psíquicas se desarrollan para volver a poner
al hombre en la corriente de una vida superior.

* * *

La virtud está a igual distancia de los dos extremos. Todo
vicio tiene como opuesto un defecto en sentido contrario. Es
así como la materialidad exagerada tiene como antagonista a
la espiritualidad excesiva.

En este caso el círculo del cuerpo ha sido rechazado hacia
fuera. No deja más que un precario dominio a Marte ♂
Venus ♀ y Mercurio ☿. En contrapartida, Júpiter ♃ lo absorbe todo. Es el pensamiento que se realiza a expensas de la
energía realizadora ♂ , de la vitalidad ♀ y de la trama invisible de la personalidad ☿ . Las personas de esta categoría son

débiles soñadores. Viven en las nubes y abandonan su cuerpo, que poco a poco se va marchitando.

Caen con facilidad en los excesos del misticismo. El que

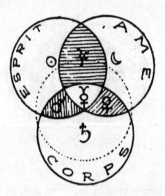

quiere ser ángel es también bestia, pues nuestra naturaleza tiende fatalmente al equilibrio: el Cuerpo atrapa con violencia al Alma y al Espíritu que se le escapan. La prudencia quiere que sigamos las leyes de nuestro entorno terrestre. Nos enseña a reinar sobre la materia, no a rehuirla. Para esto es necesario volatiliza, lo fijo fijando lo volátil, o espiritualizar los cuerpos dando corporeidad a los espíritus. El secreto del Gran Arte reside únicamente en esto.

Para hacer retornar a la tierra a una personalidad demasiado etérea Venus ♀ puede intervenir útilmente, inspirando una de esas pasiones que atraen a los Bene-Elohim hacia las hijas de los hombres. Por otra parte, los ejercicios musculares y la gimnasia permitirán a Marte ♂ conquistar su vigor normal.

* * *

Las personalidades que tienen un exceso de Alma ☾ son ricas en idealismo ♃ y en Vitalidad ♀. El centro de su per-

sonalidad ☿ es potente, pero les falta iniciativa ♂. Son ge-
nerosos y compasivos, y a menudo se olvidan de ellos mismos;
es así como muchas veces se arriesgan a ser la presa de las
avideces que les acechan.

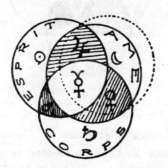

El primer deber del ser vivo es conservarse y constituirse
con solidez. Es en este sentido en el que la caridad empieza
por uno mismo. Un razonable egoísmo debe retener los impulsos reflejos del corazón.

Las disposiciones morales que privan al ser de toda energía
de defensa personal tienen una cierta repercusión en el organismo. El ardor vital ♂ tiene como misión rechazar a los enemigos invasores que nos amenazan sin cesar. Hay que defen-
derse si no se quiere morir devorado.

Un ser que no fuera más que amor y devoción no podría
subsistir en una sociedad basaba en la lucha por la vida. Llevado al límite, el altruismo suprime al instinto ♂ por completo.
Es el triunfo del Alma ☾ pero al mismo tiempo el fin de
toda vida corporal. La Virgen ☾ no puede destrozar la cabeza
de la serpiente más que cuando el éxtasis la lleva al cielo

* * *

Cuando el Alma ☾ tiene poco sitio en la personalidad, Marte ♂ predomina a expensas de Júpiter ♃ , de Mercurio ☿ y de Venus ♀. El fuego corporal se muestra, en consecuencia, agresivo, brutal y violento. El Idealismo ♃ y la sensibilidad ♀ no consiguen frenarlo lo suficiente. A este tipo de naturalezas les caracteriza una indomable energía unida a un egoísmo cínico. El crimen los utiliza peligrosamente.

Pero los instintos malos y destructores pueden ser beneficiosos en una sociedad que pueda disciplinarlos, pues si los hombres de acción y de movimiento se muestran poco sensibles no es que no sigan el ascendente de toda superioridad moral e intelectual. Deben ser domados, como bestias feroces que son. Con tacto y seguridad la mayoría de las veces se podrá sacar partido de ellos, pues siempre hay algo de bueno en los fuertes, mientras que los flojos están cerrados a toda virtud.

A los que les falta Alma ☾, conviene que se les dé, como se hacía en la época de la caballería. El culto al valor, al honor viril, acerca Marte ♂ a Júpiter ♃. El respeto a la mujer, esta encantadora criatura cuyo ascendente se impone, permite a Venus ♀ apaciguar lo que Marte ♂ tiene de rudo y salvaje.

* * *

El Espíritu ☉ excesivo perjudica a Venus ♀ en beneficio de Marte ♂, Mercurio ☿ y Júpiter ♃.

Este último alimenta una ambición desmesurada que Mar-

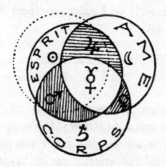

te ♂ está dispuesto a servir con toda su devoradora actividad. Pero el líquido vital ♀ escasea; al fuego ♄ le falta combustible. Se consume con rabia y desencadena un furor enfermizo que sólo podrá calmar la influencia de una persona dulce y querida. Este tipo de naturaleza termina por estropearse: querrían emprenderlo todo y su impotencia les hace sufrir. La fiebre los ataca y les arde en las venas. En algunas ocasiones se encierran en un violento desespero, que termina por estallar en furiosas crisis de rabia. La música puede entonces resta-

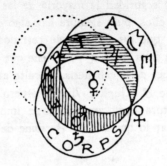

blecer la armonía en estas almas obsesionadas. Al menos es
lo que nos enseña la historia de David y Saúl.

Se puede imaginar un ser en el que el Espíritu ☉ suplante
totalmente a la Vitalidad ♀. Será el fantasma de la intelectualidad pura, una especie de Lucifer, Arcángel de orgullo e independencia absolutos.

*　*　*

La pobreza espiritual sacrifica a Júpiter ♃, Mercurio ☿
y Marte ♂ a la dominación tiránica de Venus ♀

Esta repudia la acción y no busca más que el deleite. La
pereza y la sensualidad atrofian la inteligencia y entorpecen
todas las fuerzas vivas. La baja vitalidad se corrompe, y engendra los más perniciosos vicios. A este tipo de desequilibrio le
corresponde la histeria, con sus perversiones del sentido moral y
del instinto.

La solución la encontrarán en las distracciones que hacen
trabajar al cuerpo a la vez que se tiene ocupado al espíritu.
La vitalidad excesiva pide ser gastada en los demás. La práctica del magnetismo puede ofrecer para esto una buena solución.

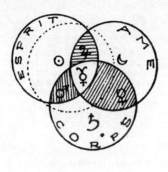

* * *

Ahora es tarea del lector el sacar por sí mismo todas las conclusiones que pueda de las premisas que acabo de dar. Lo que precede no es más que un boceto, rudimentario, pero suficiente para completar las nociones necesarias de la Medicina filosofal. Esta terapéutica está encaminada a devolver al hombre el riguroso equilibrio de su tipo divino. Es lo que podría llamarse Medicina integral.

Ojalá la medicina ordinaria se ocupe menos exclusivamente del cuerpo. Esperemos que una sagaz filosofía aclare cada día más la ciencia, y que se haga justicia en el porvenir al genio desconocido del pasado.

Capítulo IX

CONCLUSIÓN DE LA PARTE TEÓRICA

Enigma al gusto de los Alquimistas.

Vivimos una época difícil en la que cada uno busca su camino. Una ardiente imaginación concibe los más ambiciosos proyectos; se escala el cielo como lo harían los Titanes; pero entonces interviene la razón, y desde las alturas del entusiasmo nos vemos precipitados al abismo de un negro desaliento.

Más tarde la locura nos vuelve a atacar. Aún moribundo por su caída, el espíritu se levanta de nuevo en las alas del sueño, para volver a caer más dolorosamente todavía sobre el suelo de la realidad brutal.

Estas alternancias se siguen sin descanso. El juicio, a la deriva, no encuentra ningún punto fijo en el que apoyarse: pasa de un extremo al otro, sin llegar a la certeza, al reposo.

Pero esta agitación debe llegar a su fin: debemos decidirnos y fijar nuestro norte. Desesperados imploramos una claridad que nos guíe, llamamos a la luz que conduce a los extraviados...

En estas mismas condiciones tuve yo un sueño extraño, una noche en que me había acostado más fatigado que de costumbre.

Un magnífico dibujo cautiva mi atención. Lo veo en su marco y me creo en presencia de la tela de un genio. Pero, ¿a quién atribuir esta desconocida obra maestra? Examino el estilo, el colorido, el método, y no logro salir de mi sorpresa al constatar que yo mismo soy el autor...

La luz y la sombra se baten en un cielo invadido por la claridad del alba. Un ligero vapor se eleva de la tierra labrada, que se aleja hacia el fondo sin traza de vegetación alguna.

A la izquierda, la linde de un bosque de cedros sube por una colina que desciende suavemente hasta el primer plano. El suelo no ha sido removido en este sitio, pero está desnudo, apenas con unos pocos trozos de hierba amarillenta por las heladas.

Este entorno encierra a una serie de personajes que, puestos en círculo, parecen a la espera de un hecho extraordinario. Entre sus oscuros trajes sobresalen escarlatas y amarillos vestidos de raros privilegiados.

La muchedumbre es incontable. Contemplan con éxtasis un sepulcro abierto, en el que la inmensa lápida se yergue hacia atrás como un menhir druídico. La tumba está rodeada de un muro que recuerda el pozo en el que se oculta la Verdad. De esta tumba sale una muchacha que parece estar muerta. Está de pie sobre el vacío. Un largo velo blanco cae de su cabeza inclinada; sus brazos cuelgan bajo un sudario de lino.

Y todos la contemplan petrificados...

De pronto el cuadro se anima. De entre la gente que rodea el monumento un joven se destaca. Tiene el aspecto de un escolar florentino. Con paso decidido se acerca hacia la aparición. Sin dudarlo ni un solo momento, la acerca hacia él, la toma entre sus brazos y pone en su frente el beso de la vida.

Al sentirlo, la virgen se despierta y respira. Su cara toma color y se abren sus párpados, todavía con el peso del sueño de los siglos. Sus ojos se dirigen entonces hacia su salvador con una expresión de infinita ternura. Los dos seres se miran durante un instante y confunden sus almas; luego el joven se retira bruscamente y se confunde con la muchedumbre de donde ha salido.

La vestal resucitada abandona entonces su tumba. Con calma avanza tres pasos, y, alzando la vista al cielo, deja caer su velo.

En este preciso instante sale el sol y lo inunda todo con su dorado esplendor.

La muchedumbre lo admira, con alegría, pues ahora lo comprende todo.

ANEXOS

I

LAS XXVII PROPOSICIONES DE MESMER

1. Existe una influencia mutua entre los cuerpos celestes, la tierra y los cuerpos animados.

2. Un fluido universalmente propagado y continuo, de manera que no sufra ningún vacío, cuya sutilidad no permite ninguna comparación, y que por su naturaleza es capaz de recibir, propagar y comunicar todas las impresiones del movimiento, es el vehículo de esta influencia.

3. Esta acción recíproca está sometida a leyes mecánicas desconocidas hasta el momento.

4. De esta acción resultan una serie de efectos alternativos que pueden considerarse como un flujo y reflujo.

5. Este flujo y reflujo son más o menos generales, más o menos compuestos, más o menos particulares según la naturaleza de las causas que los determinan.

6. Es por esta operación, la más universal de las que nos ofrece la naturaleza, por la que se ejercen las relaciones de actividad entre los cuerpos celestes, la tierra y sus porciones constituyentes.

7. Las propiedades de la materia y de los cuerpos orga-
nizados dependen de esta operación.

8. El cuerpo animal siente los efectos alternativos de
este agente, y es al insinuarse en la sustancia de los nervios
cuando los afecta inmediatamente.

9. Se manifiesta, sobre todo en el cuerpo humano, con
las mismas propiedades que el imán. Se pueden distinguir dos
polos igualmente diversos y opuestos, que pueden ser comuni-
cados, cambiados, destruidos y reforzados; incluso puede obser-
varse el fenómeno de la inclinación.

10. La propiedad del cuerpo animal que le hace susceptible a la influencia de los cuerpos celestes, y a la acción recíproca de los que le rodean, manifestada por su analogía con
el imán, me ha llevado a llamarla *Magnetismo animal*.

11. La acción y la virtud del *Magnetismo animal* caracterizadas de esta manera, pueden ser comunicadas a otros cuerpos animados o inanimados. Unos y otros son, de todas maneras, más o menos susceptibles.

12. Esta acción y esta virtud pueden reforzarse y propa-
garse por estos mismos cuerpos.

13. Con la experiencia se observa el flujo de una materia
cuya sutilidad penetra a todos los cuerpos, sin perder su actividad.

14. Su acción se produce a una distancia alejada, y sin
necesidad de ningún cuerpo mediador.

15. Es aumentada o reflejada por los espejos como la luz.

16. Se comunica, propaga y aumenta por el sonido.

17. Esta virtud magnética puede ser acumulada, concentrada y transportada.

18. He dicho ya que los cuerpos animados no eran tan
susceptibles; incluso hay algunos, aunque muy raros, que tienen una propiedad tan adversa que tan sólo con su presencia

destruyen todos los efectos de este magnetismo en los otros cuerpos.

19.   Esta virtud opuesta también penetra todos los cuerpos; puede ser acumulada, comunicada, propagada, concentrada y transportada, reflejada por los espejos y propagada por el sonido; lo que constituye no sólo una privación, sino incluso una virtud opuesta positiva.

20.   El imán, natural o artificial, es susceptible del magnetismo animal o de la virtud opuesta, sin que se altere su acción; el principio del magnetismo difiere en esto del del mineral.

21.   Este sistema dará la clave para conocer la naturaleza del fuego y de la luz, así como la teoría del flujo y el reflujo, de la atracción, del imán y de la electricidad.

22.   Nos hará saber que el imán y la electricidad artificial no tienen, en las enfermedades, más que propiedades comunes a una serie de otros agentes, y que si resultan algunos efectos útiles a la administración de éstos, se deben al magnetismo animal.

23.   Se reconocerá por estos hechos, según las reglas prácticas que estableceré, que el principio puede curar inmediatamente todas las enfermedades de los nervios y, a largo plazo, todas las demás.

24.   Que con su uso el médico sabrá mejor cómo usar los medicamentos; perfeccionará su acción y provocará y dirigirá las crisis salvadoras, de manera que se convertirá en su maestro.

25.   Al comunicar mi método mostraré, por una nueva teoría de las enfermedades, a unidad universal del principio que yo opongo a aquéllas.

26.   Con estos conocimientos, el médico juzgará con seguridad la naturaleza y los progresos de las enfermedades, incluso de aquellas más complicadas; impedirá que empeoren y conseguirá su curación sin exponer nunca el enfermo a efectos pe-

ligrosos ni a consecuencias enojosas, cualquiera que sea la edad,
el temperamento o el sexo. Las mujeres, incluso en estado
o en un parto, tendrán las mismas ventajas.

27.   Esta doctrina, finalmente, pondrá al médico en condiciones de juzgar el grado de salud de cada individuo, y de
preservarlo de las enfermedades a las que podría exponerse.

El arte de curar llegará así a su último grado de perfección.

II

PONENCIA DE OSWALD WIRTH
EN EL CONGRESO INTERNACIONAL
DE MAGNETISMO DE 1889

«¿Podemos confundir el magnetismo con el hipnotismo? Esta es la importante pregunta que encabeza el programa del Congreso magnético para el estudio del magnetismo humano en el tratamiento y curación de las enfermedades.

La opinión que se suele tener sobre esto es que el magnetismo y el hipnotismo son una misma cosa, que el hipnotismo no es más que el magnetismo estudiado científicamente, con el fin de sacarlo del dominio misterioso del empirismo oculto. Según este punto de vista ya no tendríamos que ocuparnos del antiguo magnetismo mesmeriano en presencia del hipnotismo, su sucesor oficial. Entonces sólo éste merecería nuestra atención, pues según sus partidarios el hipnotismo sería al magnetismo lo que la química moderna a la alquimia, o la astronomía a la astrología.

A fin de rectificar prejuicios demasiado fácilmente aceptados sobre este tema, deberemos antes determinar qué es exactamente el magnetismo y qué el hipnotismo. Veamos, pues, lo que hay de común entre estos dos términos, para examinar seguidamente los caracteres especiales que hacen del hipnotismo una *ciencia* experimental que conduce a prácticas peligrosas, mientras que el magnetismo debe considerarse como un *arte* que conduce siempre a resultados benefactores.

El magnetismo y el hipnotismo se ocupan uno y otro de ciertos fenómenos debidos a una fuerza particular que parece dar a los cuerpos su acción vital.

Pero el hipnotismo no se ocupa más que del sueño nervioso o *Hipnosis,* del cual toma su nombre. Lo que pretende es producir en el sistema nervioso un estado anormal, provocar un desarreglo más o menos profundo. Esto da lugar a todos estos efectos extraordinarios que maravillan al público, pero que no tienen ninguna aplicación desde el punto de vista terapéutico. Mejor se concibe cuándo estos síntomas tienen un carácter excepcional, al no producirse más que en sujetos de gran sensibilidad, incluso a veces sólo tras un prolongado entrenamiento.

Los beneficios que el hipnotismo procura, y aún en muy raros casos, no compensan, desgraciadamente, el mal que pueden hacer en muchas personas. Si se repiten con demasiada frecuencia, las experiencias hipnóticas tienden a producir en el sujeto un desequilibrio completo. A la larga pueden producir el atontamiento o incluso la locura. La sustitución habitual de la voluntad del hipnotizado por la del hipnotizador termina por eliminar en el primero la voluntad propia, de manera que se convierte en instrumento inconsciente, el *objeto* de su hipnotizador.

El público se ha inquietado, en estos últimos tiempos, con justa razón, por lo peligros que representan este tipo de alteraciones de las responsabilidades morales. Incluso han llegado a exagerarse estos peligros, que por suerte no son tan amenazantes como algunos novelistas han dado en describir.

Deseamos que las experiencias interesantes en gran manera para la ciencia no se efectúen más que con reserva y con un fin puramente científico. Ofrecerlas como cebo a la curiosidad de las masas con intención de lucro constituye un tipo de explotación que no debería tolerarse más que con la condición de estar vigilada por las autoridades competentes. Se eivtaría así una más drástica legislación, en virtud de la que las representaciones públicas de hipnosis han sido prohibidas en algunos países, en los que se considera que pueden estropear las facultades mentales de las personas que tienen la imprudencia de prestarse para ello.

Habiendo puesto más o menos a todos en guardia contra la práctica empírica del hipnotismo, veamos lo que deberemos pensar del magnetismo.

El magnetismo mesmeriano, tan benefactor en sus efectos como el hipnotismo se muestra peligroso en sus resultados, puede considerarse como de acción diametralmente opuesta a la hipnosis.

Lejos de provocar en el organismo un desorden momentáneo, cuyas consecuencias no se borran nunca enteramente, el magnetismo tiende, al contrario, a regularizar el funcionamiento de los órganos, favoreciendo sus funciones para restablecer el equilibrio roto. No se trata de paralizar ciertos centros nerviosos a fin de sumergir al «sujeto» en un estado enfermizo particular, ya que el magnetismo no intenta más que restablecer la salud normal en las personas enfermas. En estos casos parece operar una verdadera transfusión de energía vital.»

* * *

«Visto de esta manera, el magnetismo ejerce sus efectos benefactores cada vez que una persona fuerte se encuentra en presencia de una débil. Mucha gente efectúa una especie de magnetismo sin saberlo, más o menos como Jourdain escribía. Los efectos de este magnetismo inconsciente se notan sobre todo en los niños, pues las caricias maternales son para estas frágiles criaturitas una verdadera magnetización.

Esta acción magnética espontánea provoca también corrientes entre los hombres reunidos en gran número, pero en este caso no son más que los efectos de una fuerza ciega y librada a ella misma, cuyo poder no se convierte en estable y regular más que cuando está conservada y dirigida por una voluntad inteligente y constante.

La voluntad desempeña, pues, un papel considerable en la práctica del magnetismo. Hábilmente gobernada provoca por parte del magnetista la emisión de una especie de electricidad vital que puede proyectar a través de su organismo para repartirla por el del magnetizado. Sus puntos débiles se saturan gradualmente de estas pruebas generadoras, comportándose ante ellas como centros absorbentes.

En estos casos el magnetismo humano actúa como un potente tónico. Pero sus beneficios no se terminan aquí. También actúa con éxito cuando se trata de restablecer el orden y la armonía en las funciones vitales. Regulariza el curso de la sangre, calma las fiebres, y sobre todo disipa las congestiones con una rapidez a menudo sorprendente.

Pero, además de la circulación de la sangre hay en el cuerpo humano una circulación nerviosa que un nuevo Harvey nos revelará algún día. Son las perturbaciones de esta circulación nerviosa la causa de todas las afecciones conocidas con el nombre de neurosis, y en presencia de las cuales los remedios ordinarios de la medicina oficial se encuentran en la más desesperada ineficacia. Y no obstante, es precisamente en estos casos tan rebeldes en los que triunfan los poderes del magnetismo terapéutico. Pero esto no significa que las enfermedades nerviosas ofrezcan menos resistencia que las otras a la acción del magnetismo. Lo que ocurre es exactamente lo contrario: las neurosis son difíciles de curar, incluso por el magnetismo, que actúa más rápidamente en las enfermedades orgánicas netamente caracterizadas.

Pero también es verdad que sólo el magnetismo ha podido hasta ahora dar resultados satisfactorios en el tratamiento de estas terribles afecciones, atribuidas, a falta de algo mejor, a problemas de nerviosismo. Esto prueba, simplemente, que pudiendo hacer el máximo hace también lo mínimo.

En la aplicación de los procedimientos que se utilizan para curar a los enfermos (imposición de las manos, pases, insuflaciones, etc.) los magnetistas operan con métodos que no tienen nada de absoluto en sus reglas ni de uniforme en sus prescripciones. Cada uno actúa, en el magnetismo, según los medios de que dispone, inspirándose al escoger el método, tanto en las condiciones en las que él mismo se encuentra como en las que percibe en las personas a las que debe tratar.»

* * *

«El magnetismo curativo tiene como base ese instinto común a todos los seres humanos que les lleva a poner sus manos sobre cualquier parte del organismo en la que se siente el más mínimo dolor. Esta simple aplicación más o menos prolongada de la mano produce, en la mayoría de los casos un alivio durable o, al menos, momentáneo. Es el proceso más rudimentario del magnetismo humano. Conduce naturalmente a las fricciones más o menos enérgicas, sea un vigoroso masaje, sea pasar la mano rozando apenas el miembro dolorido. Luego, sugiriendo el empleo del soplo caliente y frío, provoca finalmente el descubrimiento de la influencia ejercida por el operador, gracias al estado de ánimo en que se encuentra o que es capaz de provocar en su paciente. Es así como el deseo de aliviar al semejante, la voluntad enérgica de curarlo, o una imaginación exaltada en el mismo sentido, se convierten en factores susceptibles de comunicar una formidable intensidad a los efectos provocados en un principio por medios puramente mecánicos.

No voy a tratar de entrar en detalles sobre la teoría del magnetismo, pero sí de dar algunos consejos sobre su práctica. Veamos, pues, cómo procede, para magnetizar, el autor de esta memoria:

— Tras haber pedido al enfermo que se siente o se tienda en una posición cómoda, el magnetista se instala de manera que pueda coger con las suyas las dos manos del sujeto con facilidad. (En algunos casos puede ser preferible colocar una de las manos sobre el epigastrio y la otra sobre la frente).

Es conveniente entonces que el magnetista cierre los ojos para concentrarse en sí mismo, esforzándose por abstraerse de todo lo que le rodea. Así se obtiene el aislamiento, primera condición requerida para toda práctica magnética seria.

Entonces se debe exaltar el espíritu con el deseo de curar, y abandonar el cuerpo a la más completa pasividad. El que llega a cumplir estos dos primeros requisitos no tarda en sentir que pasan en él cosas bien raras.

Su cabeza se encuentra, en primer lugar, invadida por una extraña sensación, como si se erizaran sus cabellos. Luego una especial sensación de calor se extiende por la columna vertebral y en seguida se hace sentir en la extremidad de todos los miembros, donde se nota una ligera humedad. Se produce entonces como un movimiento de reflujo, bajo el que se hincha el pecho, para dar a la respiración un ritmo anormal. Entonces con toda naturalidad nos vemos obligados a levantar la cabeza, abrir los ojos y dejar, al menos es lo más frecuente, una de las manos del enfermo.

Es el momento de extender la mano que ha quedado libre ante el cuerpo del enfermo, para pasearla lentamente delante suyo, dejándola pararse en los sitios en que parece que se encuentra atraída.

Si encuentra una región del cuerpo en que esto se produce, el magnetista debe mantener aquí su mano, sin otra voluntad de momento que la de observar sus propias sensaciones, que puede controlar por las que siente el mismo enfermo, a fin de descubrir así todos los puntos débiles sobre los cuales debe concentrarse su acción. Basándose en esta especie de auscultación magnética y teniendo juiciosamente en cuenta todos los síntomas de la enfermedad, se puede, sin estar dotado de una extraordinaria perspicacia, llegar a un diagnóstico que será tachado de empirista por los doctores de la Medicina oficial, pero perfectamente suficiente en lo que concierne al papel especial de transmisor de energía vital acumulada. Pues con la ayuda del ejercicio y de la experiencia, un sagaz magnetista puede así saber lo que es necesario hacer para restablecer el orden y la armonía en un organismo enfermo.

Entonces debe utilizar las fuerzas que celosamente ha conservado en reserva. Puede dejarse sobreexcitar gradualmente por la acción, para actuar, sobre todo al final (en el caso en que sea necesario), con la última energía.

— El método de operar que acaba de ser rápidamente descrito da lugar a tres fases sucesivas que es necesario distinguir claramente en una exposición teórica, aunque no tengan nada de absoluto en sus demarcaciones en el momento en que entran en la práctica. En la primera de estas fases el magnetista actúa *pasivamente*. Se convierte en el polo negativo de una corriente de fuerza que atrae hacia sí. Los ocultistas dirían que utiliza la «luz astral», de la que se satura, para entrar, en este aspecto, en una especie de embriaguez análoga sin duda a la que buscaba Paracelso cuando efectuaba sus maravillosas curas.

La segunda fase está caracterizada por una especie de *neutralidad* del magnetista, que aprovecha el equilibrio armónico establecido entre él y el enfermo para observar los efectos espontáneos de las fuerzas que pone en acción. Goza entonces de una verdadera hiperestesia táctil que aprovecha para descubrir las intenciones que la naturaleza muestra por ella misma al que está en condiciones de percibir sus indicaciones.

Cuando el magnetista se ha formado una opinión entra en la última de estas fases, tomando esta vez un papel francamente activo. Para ello debe esforzarse en mantener su atención imperturbablemente fija en el resultado que se propone conseguir, pues el fijar de esta manera el pensamiento, sosteniéndolo y sin distraerlo, es mucho más eficaz, terapéuticamente, que una voluntad ejercida con violencia. Sobre esto mismo, es necesario recordar que para un magnetista el máximo grado de su fuerza reside en una tenaz voluntad, gobernada con calma, a la que se añade una viva imaginación dirigida racionalmente a conseguir una forma fluídica concreta de su pensamiento dominante. Este se convierte, precisamente por esto, en una entidad activa, un verbo viviente, susceptible de operar todas las maravillas que en otro tiempo se atribuyeron a la piedra filosofal.

Para terminar de remarcar lo que acabo de decir sería necesario entrar en ciertos detalles sobre los principios de la medicina oculta, basada en el conocimiento del hombre en lo que tiene de oculto e inexplorado por la ciencia oficial de nuestros días. Pero esto sería salirse del cuadro asignado a los trabajos del Congreso internacional de magnetismo de 1889.

Me contentaré, pues, con decir que, tal como acaba de ser esbozada, la práctica del magnetismo curativo conduce a una especie de iniciación en tres grados, similar a la que se encuentra en los misterios de la tradición antigua.

Todo lo que tiene relación con la primera fase del método aquí indicado corresponde a un grado preparatorio: el *aprendizaje*.

Consiste en concentrarse en uno mismo y abstraerse de todo lo que nos rodea. Es lo que se ha dado en llamar, en lenguaje alegórico, «alejarse del mundo profano para entrar en el gran templo».

Pero, para obtener la Luz (luz astral o fuerza fluídica), es indispensable «vencer a los elementos, es decir, pacificar con el amaestramiento a todas las fuerzas antagónicas que se agitan en nuestra alma».

El segundo grado o Gremio está consagrado al estudio de los efectos de este misterioso poder, que emana del centro del adepto bajo la influencia combinada de su voluntad y su imaginación. La mayor parte de los magnetistas no van más lejos. Basan su práctica en sus observaciones personales y se contentan con los resultados que obtienen de esta manera, sin intentar conseguir realmente *la ciencia de su arte*.

Y no la encontrarán más que llegando a la *Maestría*, tercer y último grado de toda verdadera iniciación.

Pero también en esto una explicación clara entrañaría una disertación sobre filosofía hermética, que no tendría cabida en la presente memoria. El autor se propone volver a estos temas en una obra especial sobre la *Medicina oculta* o el *Magnetismo vital estudiado a la luz de la filosofía hermética*.

ANEXOS

III

TESTIMONIO DE LA SEÑORA
SOPHIE-AUGUSTINE BIGOT DE BONNARD

«La abajo firmante, Sophie-Augustine Bigot de Bonnard, con domicilio en el número 9 de la calle Faubourg Montmartre, certifica haber sido curada de una enfermedad que habría podido tener gravísimas consecuencias, por el señor Oswald Wirth, y a este efecto le libro el presente certificado y le autorizo a publicar mi curación y me ofrezco a responder a todas las preguntas que quisieran hacerle al respecto:

Relato ahora las circunstancias en las que me ocurrió el accidente.

El 8 de junio fui mordida por mi perro, que hacía tiempo que parecía triste y enfermo, cuando de repente, ese día le dio por morder todo lo que tenía delante.

Me asusté y me dirigí a un farmacéutico de la calle Bouloi n.º 1, el señor Bourreau, y le pedí que me diera algún medicamento para mi perro, que estaba rabioso. El señor Bourreau me aconsejó que fuese a buscar a algún agente de policía y que él lo haría matar por los guardias. En ese momento eran las diez de la noche y no volví a casa hasta las doce, pues tenía recados que hacer en la ciudad.

Cuando entré, el animal, que se había vuelto furioso a pesar de mis precauciones, saltó a mi habitación y se echó encima mío para morderme. Le sujeté por el collar pero se había puesto más furioso y me mordió el dedo pulgar de la mano derecha y el brazo izquierdo. Mi marido, que en ese momento volvía de la calle, vino a ayudarme, pero lo alejé diciéndole: ya me ha mordido a mí, es suficiente, escóndete.

No tuve más que un medio para deshacerme de él, ponerlo entre dos colchones y ahogarlo: ya me había mordido unos días antes en la nariz, pero entonces no creía que estuviese rabioso. Al día siguiente llevé al perro a casa del señor Lecordier, veterinario de Saint Mandé y este señor constató que mi perro tenía la rabia desde hacía bastante tiempo.

Al principio no me asusté demasiado, me cauterizaba con amoníaco y no quería hacerme cauterizar por el señor Pasteur. Tenía miedo, a pesar de las recomendaciones de varios doctores que me reprochaban mi negligencia al respecto, entre ellos el señor R. Reibaud, oficial de hospitales retirado en Bourg-la-Reine. Cuando, al cabo de dos meses fui víctima de dolores imposibles de describir en los nervios, y principalmente en las uñas de los pies y de las manos, y punzadas en el cerebro, al cabo de poco ya no podía tragar ningún líquido, y tenía visiones tan extrañas, sobre todo por las noches, que ya no me atrevía a dormirme, creyendo ver en sueños al perro que se tiraba encima de mí. Oí hablar del doctor Pinel, pues daba conferencias sobre la rabia, y me mandó al señor Oswald Wirth, que me devolvió la salud en un mes con sesiones cada dos días, y al cabo de 7 u 8 sesiones pude beber agua y vino, tenía una sed inextinguible; desde entonces no me he resentido de nada y me encuentro de maravilla. Hecho en París el doce de mayo de 1888.

J. Bonnard.»

TESTIMONIO DEL DOCTOR PINEL

APLICACIÓN TERAPÉUTICA DEL HIPNOTISMO.
TRATAMIENTO Y CURA POR HIPNOTISMO DE LOS
ACCIDENTES CONSECUTIVOS A UN CASO DE HIDRO-
FOBIA. POR EL DOCTOR CH. PH. PINEL (nieto).

«A pesar de las apasionadas discusiones que ha compor-
tado la rabia, los sabios no llegan a ponerse de acuerdo sobre
la naturaleza de esta enfermedad (1). El único hecho más o
menos aceptado es que el principio tóxico actúa como un veneno cerebral. Si, en efecto, la enfermedad encuentra su fuente en la mordedura, el principio tóxico no tarda en ganar el
cerebro y la muerte se sucede inevitablemente. Cualquiera que
sea el método adoptado, los cuidados del médico deben tener
como fin el llegar a la aniquilación y destrucción inmediata
del principio venenoso. Cuando se ha tratado la enfermedad
con tiempo, el médico tiene posibilidades de contener la intoxi-
cación cerebral y detener en su marcha los efectos más inme-
diatos de la hidrofobia. A veces el enfermo puede salvarse,
pero otras, los desórdenes cerebrales no hacen más que ate-
nuarse y se manifiestan sin previo aviso a intervalos irregulares

y a veces con tanta intensidad como para provocar lesiones cerebrales que pueden conducir a la muerte, incluso mucho tiempo después de la mordedura. Otras veces surgen dificultades, y recientemente la atención pública se ha fijado en esto, a causa de rabias sin mordedura y puramente cerebrales, pero a menudo igualmente mortales. En cualquiera de los casos, el hipnotismo y la sugestión deberían ser, a priori, de gran eficacia para el tratamiento de estos accidentes nerviosos. En efecto, a principios de este año nos encontramos con un caso de hidrofobia muy bien caracterizado, y los maravillosos resultados que obtuvimos del tratamiento hipnótico nos han animado a relatarlo aquí.

La señora B..., con domicilio actualmente en la calle Faubourg-Montmartre n. 9, nació en Bonneil, cerca de Chateau-Thierry, el 15 de enero de 1850. Su padre era pastor y tenía buena salud; murió a los 45 años de la fiebre tifoidea. Su madre vive todavía: ha llegado a la edad de 63 años sin enfermedades ni impedimentos; pero su temperamento es extremadamente nervioso y ha sufrido numerosas neuralgias.

La señora B... ha sufrido dos ataques, a la edad de 8 y de 32 años. Le han quedado marcas en el brazo derecho, que tiene cataleptizado de forma intermitente. Aparte de esto no ha sufrido más que desórdenes nerviosos y ha sido tratada de una enfermedad del plexo hipogástrico.

De pequeña estaba dotada de una extraordinaria memoria y tenía frecuentes alucinaciones. Durante la pubertad su lucidez sonámbula adquirió gran perfección. En una ocasión, tras haberse metido en la cama, durmió durante quince días. Despertó totalmente inconsciente: fue el médico que la cuidaba, el doctor Brun, de Saissi (Seine-et-Marne), el que le dijo lo que había dormido.

La señora B... fue mordida el 8 de enero de 1887, en el

brazo izquierdo y en el pulgar derecho por su perro, enfermo desde hacía tiempo, que le había mordido, además, la nariz algunos días antes del 8 de enero. No pudo deshacerse del perro más que ahogándolo entre dos colchones; presentaba todos los síntomas de la rabia, que fue constatada por el señor Lecordier, veterinario de Saint Mandé.

La señora B... se cauterizó con amoníaco y creyó con esto estar fuera de peligro. No hizo caso a los vértigos que sintió esos días ni a las alucinaciones que pasaban ante sus ojos, hasta que, al cabo de ocho días, sintió una fuerte constricción en la garganta; lo atribuyó a un resfriado, y tomó por un principio de gota los dolores que sentía en las uñas de los dedos de los pies y de las manos. Estos eran muy molestos. La enferma sufría como si le arrancasen las uñas. Los dolores que sentía en los pulgares le paralizaban todo el antebrazo.

También remarcó que el agua le inspiraba un terror del que no llegaba a comprender la causa. La constricción en la garganta había ido aumentando; le era imposible tomar ninguna bebida, si no era café negro muy fuerte o licores o vino blanco y aun así sólo a pequeños sorbos. Le resultaba imposible mirarse en el espejo, puesto que su cara se le aparecía como si fuera la de un perro. Por la noche le era imposible dormir a causa de horribles pesadillas en las que los perros aparecían bajo mil pavorosas formas. La señora B... notó además que sus facultades cerebrales se habían sobreexcitado en gran manera. La memoria se exaltaba de pronto para luego desaparecer inexplicablemente. El sentido del oído presentó momentos de hiperestesia en los que los sonidos más débiles y lejanos le llegaban con toda claridad.

La gente de su alrededor, asustada por estos síntomas, la animó a que fuera a visitar al doctor Pasteur; pero la enferma persistía en no querer darse cuenta de la gravedad de su estado, y todavía dudaba más por la razón de que la

polémica del método Pasteur era en esos momentos más viva
que nunca. Fue entonces cuando se confió a mis cuidados.

El martes 22 de marzo la señora B... fue hipnotizada por
primera vez. Desde ese día hasta finales de marzo repetí la
experiencia seis veces. La calma que le proporcionaban el sueño hipnótico y la sugestión eran notables.

El 30 de marzo y el 1 de abril sufrió violentas crisis durante una de las cuales mordió a su gato en la cabeza. Tenía
a menudo ganas de morder y movía con violencia el maxilar inferior hasta desencajarlo; pero en la más fuerte de estas crisis pude hacerle beber con facilidad un poco de vino.

En abril la señora B... fue hipnotizada siete veces. El siete
de abril, después de una larga sesión, sufrió un fuerte ataque
de fiebre y se manifestó en ella una sed tan intensa que se
puso a beber todo lo que encontró a mano: agua, vino, gaseo-
sa, etc. La fiebre se calmó en seguida, y, a partir de ese momento la señora B... no tuvo por los líquidos el horror que
había tenido hasta entonces. Lo que, en estos momentos, me
chocó más de su estado fue una gran propensión al sueño,
una gran impresionabilidad, ausencias intermitentes de la memoria y pueriles miedos y pesadillas. Una serie de sugestiones
terminaron con estos problemas nerviosos. A partir de finales
de abril la curación fue casi completa.

Desde entonces no hipnoticé a la señora B... más que
a largos intervalos; no ha tenido recaídas y su estado general
no ha cesado de mejorar, por la influencia del magnetismo,
creo yo. Hoy, que tiene el cutis fresco, las mejillas coloreadas
y el cuerpo de muy buen aspecto, es difícil reconocer en ella
a la persona que al principio del tratamiento tenía una cara
pálida y descarnada que daba la más penosa impresión.»

ANEXOS

IV

TESTIMONIO DE MARIUS LEPAGE
DE LA CURACIÓN DE UN GATO

«Era hace treinta años, cuando Oswald Wirth venía a veranear cerca de Laval y yo iba a verlo todas las tardes. Un día, su hermana —Mutti—, que era la bondad en persona, le trajo un pobre gato con gota, inválido, de pelo apagado, legañoso, vaya, un cadáver de gato. Wirth tomó al animal y, lentamente, sin interrumpir nuestra conversación, empezó a magnetizar al pobre felino. Al cabo de una semana de seguir este tratamiento el gato se había convertido en un verdadero Raminagrobis que se paseaba por el jardín. Tan vigoroso, tan despierto, con tal aspecto de gato bien plantado, que Mutti tuvo que defender de sus ataques al grupo de ratoncillos que en ese tiempo había recogido.»

* * *

«Todo ser vivo es un. verdadero cuerpo eléctrico constantemente impregnado de este principio activo, pero no siempre en la misma proporción. Unos más, los otros menos... Los vegetales recientes, agrupados en planteles, son frescos y vigorosos, pero si están junto a un gran árbol se secan y se marchitan.»

ANEXOS

V

CARTA DE OSWALD WIRTH A MARIUS LEPAGE

París, 25 de abril de 1931

Estimado Lepage:

No hay que abusar nunca de nada, y rehuir el sobreexceso, sobre todo en magnetismo. Si escuchásemos a la naturaleza tendríamos el acierto de descansar, para acumular fuerzas, antes de pretender gastarlas inmoderadamente. Yo me lancé a la acción fluídica sin tener ningún tipo de cansancio, persuadido de que hay que dar para recibir, y que más se recibirá cuanto más se haya dado. Esto es verdadero *en una cierta medida*, que no se debe sobrepasar, pues, aunque el espíritu no se gasta, no ocurre lo mismo con los órganos. Éstos no se fortifican indefinidamente, y a fuerza de pedirles demasiado terminan por estropearse, como mi médula espinal, que quizá estaba predispuesta a terminar mal. Mis excesos magnéticos tuvieron una acción análoga a otros excesos; pero no todos siguen mi suerte. La causa de las enfermedades sigue siendo misteriosa y mi caso no debe tomarse demasiado trágicamente. No debe sacarse más que esta moraleja: hay que saber moderarse, incluso cuando nos damos a los demás. Dejarse matar

es un error. Cuidad vuestro animal y tratadlo bien, para que
pueda ofreceros prolongados servicios.

Al encontrarme inutilizado he tenido que renunciar a mo-
vilizar mi fluido, lo que me ha puesto en la vía de otro modo
de acción. Los sentimientos tienen sus virtudes y nosotros podemos actuar de manera más misteriosa que por la transfusión de nuestra energía nerviosa; pero también es verdad que
este modo de acción está reservado a los que no pueden actuar
ya en Aprendizaje ni en Gremio. Lo que es cierto es que la
consideración profunda engendra un ardiente deseo de ayudar,
que se hace realidad desde el momento en que el sujeto se
presta a ello. Se pueden provocar entonces milagros, no a voluntad pero sí cuando las condiciones que no dependen de
nosotros se cumplen, con colaboraciones que es inútil poner
en claro.

       Suyo,

               Oswald Wirth

ANEXOS

VI

EXTRACTO DE UNA COMUNICACIÓN HECHA EN EL CONGRESO MAGNÉTICO INTERNACIONAL DE PARÍS EN 1889 POR EL ABAD A. DE MEISSAS, CAPELLÁN DE SAINTE-GENEVIÈVE

«En 1870 yo era capellán militar. El 16 de agosto me encontraba, como tantos otros días, en el campo de batalla de Gravelotte. Un pobre soldado acababa de ser herido horriblemente por un obús. Inclinado sobre él, un cirujano intentaba poner en su sitio los órganos mutilados; pero no obtenía otro resultado que agravar sus sufrimientos, de manera que el pobre herido añadía a los ruidos del campo de batalla sus horribles aullidos. Lo tomé en mis brazos y en seguida me percaté, no sin sorpresa por mi parte, que a pesar de que el cirujano seguía con sus operaciones, el enfermo se había calmado. Cuando creí que estaba bastante tranquilo, quise dejarlo para ir a ayudar a otros. Pero había tantos... Apenas lo había dejado, cuando empezó a chillar suplicando que lo volviera a coger diciéndome: «Cuando usted me toma no sufro». Lo volví a coger: se calmó de nuevo y se durmió en mis brazos con tanta tranquilidad que pude ponerle la cabeza sobre el macuto y dejarlo, completamente dormido.

Acababa de magnetizar a una persona, pero no lo supe
más que mucho tiempo después. Un sentimiento de profunda
conmiseración que envolvía todo mi ser había puesto en juego esta fuerza magnética que todos poseemos en algún grado.
Probablemente, la idiosincrasia del sujeto que tenía entre mis
brazos, la atroz conmoción que había recibido su sistema nervioso, determinaron en él un estado de receptividad muy especial: por esto se produjo en él esa insensibilidad causada por
mi contacto. El sueño que le siguió tenía, seguramente, las mismas causas, y me inclino a pensar que se trató de un sueño
magnético.

ANEXOS

VII

EXTRACTO DE LA TESIS MÉDICA
DE CHARLES DE VAURÉAL,
QUE IMPRESIONÓ FUERTEMENTE A OSWALD WIRTH

Los alquimistas lo hacen derivar todo de un primer principio: *la luz*. La claridad y el calor no son más que accidentes de este principio. Es también él el que forma el aire y el agua. Al ser el agua el mixto por excelencia que puede unir lo volátil a lo fijo, la consideran, al igual que Thales, como el principio elemental de todas las sustancias que llamamos orgánicas e inorgánicas. La obra que se proponen es la misma que la de la creación, que empezó con el soplo divino sobre las aguas y el *fiat lux*. Pero no tienen la pretensión de hacer algo de la nada; simplemente se proponen encontrar la materia primera o elemental, que no es para ellos la tierra sino el *Azufre*. Una vez obtenido el azufre quieren casarlo con lo volátil o *Mercurio*, mediante una serie de *sublimaciones* que tienen como meta conseguir una materia igual de espiritual, es decir, tan activa como sea posible. Es la materia que ellos llaman la *Piedra de los sabios*.

Y de esta manera pretenden proceder: hacen su paciente con una materia a la que no designan, y la tratan con un agen-

te al que llaman fuego, pero que en realidad es un agua en la
que creen haber condensado la luz astral. Según ellos este agente tiene un *poder fermentativo,* y, por sostenidos esfuerzos que
ellos llaman trabajos de Hércules, esperan obtener la *fermen-
tación* de su paciente y su separación en Azufre y Mercurio.
Ésta es la primera operación: termina con una putrefacción
a la que llaman, a causa de su color, el negro o las alas del
cuervo. Pero no creen, en el primer intento, conseguir su Azufre y su Mercurio; el primero está todavía unido a una gran
proporción de escorias, y el segundo está disimulado entre la
sal que ha formado; sólo tras una serie de disoluciones, fermen-
taciones y sublimaciones esperan terminar su obra.

Cuando se supone que han terminado estas operaciones obtienen el mercurio blanco o *aqua viva,* y el Azufre al que llaman *Sangre de la tierra* o *Sangre del dragón;* se presenta entonces un nuevo trabajo que consiste en unir el azufre al mercurio, o el hombre rojo a la mujer blanca, y es de esta unión
de donde procede la medicina universal de las filosofías her-
méticas.»

INDICE